传统文化视角下的
高校德育创新路径探究

伍 韬 著

北京工业大学出版社

图书在版编目（CIP）数据

传统文化视角下的高校德育创新路径探究 / 伍韬著. — 北京：北京工业大学出版社，2021.5
ISBN 978-7-5639-7979-0

Ⅰ. ①传… Ⅱ. ①伍… Ⅲ. ①高等学校－德育工作－研究－中国 Ⅳ. ① G641

中国版本图书馆 CIP 数据核字（2021）第 112762 号

传统文化视角下的高校德育创新路径探究
CHUANTONG WENHUA SHIJIAO XIA DE GAOXIAO DEYU CHUANGXIN LUJING TANJIU

著　　者：	伍　韬
责任编辑：	张　贤
封面设计：	知更壹点
出版发行：	北京工业大学出版社
	（北京市朝阳区平乐园 100 号　邮编：100124）
	010-67391722（传真）　　bgdcbs@sina.com
经销单位：	全国各地新华书店
承印单位：	涿州汇美亿浓印刷有限公司
开　　本：	710 毫米 ×1000 毫米　1/16
印　　张：	10.75
字　　数：	215 千字
版　　次：	2022 年 7 月第 1 版
印　　次：	2022 年 7 月第 1 次印刷
标准书号：	ISBN 978-7-5639-7979-0
定　　价：	75.00 元

版权所有　翻印必究

（如发现印装质量问题，请寄本社发行部调换 010-67391106）

作者简介

伍韬，男，1982年11月出生，贵州省贵阳市人，毕业于正大管理学院（Panyapiwat Institute of Management），博士研究生学历，博士阶段研究方向为综合治理及战略管理。现为贵州师范学院副教授、中国人民大学全国民族心理研究协作组成员、"一带一路"国际智库合作联盟成员——暹罗智库（Siam Think Tank）研究员。研究方向：民族教育、村落治理。主持贵州省理论创新课题（招标课题）重大项目——《统一战线服务国家治理体系和治理能力现代化研究》（课题编号：GZLCZB-2020-1-9-6）、省长圈示课题——《国家社会治理体系和治理能力现代化背景下建设贵州街区文化研究》（课题编号：2020QS040），多次参与国家级、省级研究项目，发表论文十余篇。

内容提要

　　中国传统文化是中国传统价值观、信仰、习俗和制度等的文化综合体，是各族人民在五千多年的文明发展历程中共同创造出来的优秀文化，也是国家软实力的重要组成部分。中国传统文化对于高校德育意义重大，其不仅蕴藏着丰富的道德教育资源，还蕴含着崇高的道德教育哲学智慧。但是，在一段时期内，中国传统文化不被重视，古圣先贤留给华夏子孙的人文气息与精神力量没有得到应有的传承与发展。高校德育的创新需要进一步解放思想。将中国传统文化纳入高校德育建设中来是高校德育工作走出困境、实现自身创新的重要路径。

前　言

中国传统文化既蕴含丰富的道德教育资源，又蕴含着崇高的道德教育智慧，对高校德育有着十分重大的影响。然而，中国传统文化却在较长的一段时期不被重视，古圣先贤留给华夏子孙的人文气息与精神力量没有得到应有的传承和发展。如今，高校德育的创新需要进一步解放思想。在高校德育工作中融入中国传统文化，是高校德育走出困境、实现自身创新的一个重要路径。基于此，本书对传统文化视角下的高校德育创新路径进行了研究。

全书共七章。第一章为绪论，主要包括关于文化的解读、高校德育的内涵解读、高校德育与文化传承的关系等内容；第二章为中国传统文化的价值，主要阐述了中国传统文化的历史地位、中国传统文化的当代价值、中国传统文化与德育的逻辑联系和理论契合等内容；第三章为大学生道德现状与高校德育困境，主要包括大学生道德现状分析和高校德育的现实困境等内容；第四章为传统文化与高校德育相融合的意义，主要阐述了传统文化与高校德育相融合的必要性和传统文化与高校德育相融合的可行性等内容；第五章为中国和谐传统与高校德育目标的构建，主要阐述了传统文化的"和谐"思想、中国和谐传统的德育价值、现代高校德育目标的构建等内容；第六章为中国传统伦理道德与高校德育内容的构建，主要阐述了传统伦理道德的构成及其基本内涵、传统伦理道德的反思及现实借鉴意义、现代高校德育内容的构建等内容；第七章为传统文化视角下的高校德育创新的路径探讨，主要阐述了传统文化德育价值开发利用的基本原则和传统文化视角下高校德育创新的基本路径等内容。

为了确保研究内容的丰富性和多样性，笔者在写作本书过程中参考了大量理论与研究文献，在此向涉及的专家学者表示衷心的感谢。

最后，限于笔者水平，加之时间仓促，本书难免存在一些不足，在此，恳请读者朋友批评指正！

目　　录

第一章　绪　论 ………………………………………………………… 1
　　第一节　关于文化的解读 ………………………………………… 1
　　第二节　高校德育的内涵解读 …………………………………… 7
　　第三节　高校德育与文化传承的关系 …………………………… 12

第二章　中国传统文化的价值 ………………………………………… 19
　　第一节　中国传统文化的历史地位 ……………………………… 19
　　第二节　中国传统文化的当代价值 ……………………………… 32
　　第三节　中国传统文化与德育的逻辑联系和理论契合 ………… 41

第三章　大学生道德现状与高校德育困境 …………………………… 46
　　第一节　大学生道德现状分析 …………………………………… 46
　　第二节　高校德育的现实困境 …………………………………… 54

第四章　传统文化与高校德育相融合的意义 ………………………… 65
　　第一节　传统文化与高校德育相融合的必要性 ………………… 65
　　第二节　传统文化与高校德育相融合的可行性 ………………… 70

第五章　中国和谐传统与高校德育目标的构建 ……………………… 76
　　第一节　传统文化的"和谐"思想 ……………………………… 76
　　第二节　中国和谐传统的德育价值 ……………………………… 84
　　第三节　现代高校德育目标的构建 ……………………………… 89

第六章　中国传统伦理道德与高校德育内容的构建 ………………… 107
　　第一节　传统伦理道德的构成及其基本内涵 …………………… 107

第二节　传统伦理道德的反思及现实借鉴意义 …………………… 116
   第三节　现代高校德育内容的构建 ……………………………… 128

第七章　传统文化视角下的高校德育创新的路径探讨 …………… 139
   第一节　传统文化德育价值开发利用的基本原则 ……………… 139
   第二节　传统文化视角下高校德育创新的基本路径 …………… 142

参考文献 ……………………………………………………………… 159

第一章 绪 论

优秀传统文化在历史中沉淀和积累，不断融会贯通丰富的文化历史资源。高校作为社会主义现代化事业合格人才的培养阵地，在德育工作中必然要重视并积极利用中华优秀传统文化，促进对大学生的文化素养和道德观念的培养，这对其树立正确的世界观、人生观、价值观有所助益，也能更好地继承和发扬我国优秀传统文化。本章分为关于文化的解读、高校德育的内涵解读、高校德育与文化传承的关系三部分。主要内容包括：文化的内涵、文化的划分、文化的功能、文化的构成要素等方面。

第一节 关于文化的解读

一、文化的内涵

人类社会常有这样一种现象：最简单的东西往往又是最复杂的东西，最复杂的东西也是最简单的东西。法国哲学家德尼·狄德罗说："人们谈论得最多的东西，每每注定是人们知道得很少的东西。""文化"这个概念就是如此。我们天天都在谈论文化，时时刻刻都在同文化打交道，但究竟什么是文化，却是人们很难说清的问题。古今中外，学者们提出了成百上千个文化定义，但说来说去仍然是众说纷纭、莫衷一是。

"文化"一词，在中国古代本指"文治教化"，与武力征服相对举。《周易·贲卦·象传》说："观乎人文，以化成天下。"可以被看作"文化"的原始提法。孔颖达在《周易正义》中解释道："观乎人文以化成天下者，言圣人观察人文，则诗书礼乐之谓，当法此教而化成天下也。"显然，"以文教化"之义十分明确。西汉以后，"文"与"化"合成一个完整的概念。如西汉刘向在《说苑·指武》中说："凡武之兴，为不服也；文化不改，然后加诛。"南齐王融在《三月三日曲水诗序》中说："设神理以景俗，敷文化以柔远。"西晋文学家束皙说："文化内辑，武功外悠。"其义均不外乎文治教化，强调用伦理道德、诗书礼乐、典章制度等教化世人，与天造地设的"自然"对举，或与无教化的"质朴""野蛮"对举。

然而我们今天使用的"文化"一词，其含义与古代不尽一致，它是19世纪末期通过日文转译从西方引进的。在西方，"文化"一词源于拉丁文Cultura，其本义指耕作，后引申出居住、练习、留心、注意、敬神等多种含义。英文、法文的"文化"一词写作Culture，它们（包括德文）都是从拉丁文Cultura演化来的。17世纪的德国学者普芬多夫就对"文化"做过界定。他认为："文化是社会人的活动所创造的东西和有赖于人和社会而存在的东西的总和。"19世纪中叶以后，一些新的人文学科如人类学、社会学、民族学、文化学等在西方兴起，这些学科均以"文化"为研究对象，"文化"一词逐步成为这些学科的重要术语。最早把文化作为专门术语来使用的是被称为"人类学之父"的英国学者泰勒，他在1871年发表的《原始文化》一书中给文化下了一个著名的定义："所谓文化或文明，乃是包括知识、信仰、艺术、道德、法律、习俗及包括作为社会成员的个人而获得的其他任何能力、习惯在内的一种综合体。"这个定义对学术界产生了很大影响。

对我国学术界影响较大的还有《苏联大百科全书》，它对文化概念做了广义与狭义的区分。广义文化"是社会和人在历史上一定的发展水平，它表现为人们进行生活和活动的种种类型和形式，以及人们所创造的物质和精神财富"。狭义文化"仅指人们的精神生活领域"。中国当代学者大多采纳《辞海》对文化的界定："从广义上来说，指人类社会历史实践过程中所创造的物质财富和精神财富的总和。从狭义来说，指社会的意识形态，以及与之相适应的制度和组织机构。"广义的"文化"是从人之所以为人的意义上立论的，其本质在于人的本质的外化、对象化或物化，即人的本质的外在表现。狭义的"文化"排除人类社会历史生活中关于物质创造活动及其结果的部分，专注于精神创造活动及其结果，其本质是社会政治经济在观念形态上的反映，是人的精神活动及其物化形态。广义"文化"与狭义"文化"所涉及的范围大小不同，"文化"概念广狭的确定，应由研究的学科、内容而定。本书肯定和赞同中国广大学者上述广狭两种含义的"文化"概念，但基本上以狭义"文化"为论述范围，即主要探讨精神创造领域的文化现象。

关于文化结构，有物质文化与精神文化两分说，物质、制度、精神三层次说，物质、制度、风俗习惯、思想与价值四层次说，物质、社会关系、精神、艺术、语言符号、风俗习惯六大子系统说，等等。本书赞同和采纳物质、制度、行为、观念四层面说。物质层面是人类物质生产方式和产品的总和，是整个文化大厦的基石；制度层面，即人类在社会实践中建构的各种社会规范、典章制度；行为层面，即人类在交往中约定俗成的习惯定式，以礼俗、民俗、风俗形态出现的行为模式；观念层面，即人类在社会实践和意识活动中体现出来的价值取向、审美情趣，为文化的精神内核。

二、文化的划分

由于文化具有多样性和复杂性，要给文化制定一个精确的分类标准是困难的。

（一）从文化的结构角度划分

对文化的结构解剖，有两分说，即分为物质文化和精神文化；有三层次说，即分为物质、制度、精神三层次；有四层次说，即分为物质、制度、风俗习惯、思想与价值；有六大子系统说，即物质、社会关系、精神、艺术、语言符号、风俗习惯等。文化有两种，一种是生产文化，一种是精神文化。科技文化是生产文化，生活思想文化是精神文化。任何文化都为生活所用，没有不为生活所用的文化。任何一种文化都包含了一种生活生存的理论和方式、理念和认识。

文化的内部结构包括：物态文化、制度文化、行为文化、心态文化。物态文化层是人类的物质生产活动及其产品的总和，是可触知的具有物质实体的文化事物；制度文化层是人类在社会实践中建立的各种社会行为规范；行为文化层是人际交往中约定俗成的以礼俗、民俗、风俗等形态表现出来的行为模式；心态文化层是人类在社会意识活动中孕育出来的价值观念、审美情趣、思维方式等主观因素，相当于通常所说的精神文化、社会意识等概念，这是文化的核心。

（二）从文化的级别角度划分

大众文化，指习俗、仪式以及包括衣食住行、人际关系各方面的生活方式。

高级文化，包括哲学、文学、艺术、宗教等。

深层文化，主要指价值观的美丑定义、时间取向、生活节奏、解决问题的方式，以及与性别、阶层、职业、亲属关系相关的个人角色。

大众文化和高级文化均植根于深层文化，而深层文化的某一概念又以一种习俗或生活方式反映在大众文化中，以一种艺术形式或文学主题反映在高级文化中。

（三）从文化的层次角度划分

一是物态文化层，由物化的知识力量构成，它是人的物质生产活动及其产品的总和，是可感知的、具有物质实体的文化事物。

二是制度文化层，由人类在社会实践中建立的各种社会规范构成。包括社会经济制度、婚姻制度、家族制度、政治法律制度等。

三是行为文化层，以民风民俗形态出现，见之于日常起居动作之中，具有鲜明的民族、地域特色。

四是心态文化层，由人类社会实践和意识活动中经过长期孕育而形成的价值观念、审美情趣、思维方式等构成，是文化的核心部分。心态文化层可细分为社会心理和社会意识形态两个层次。

三、文化的功能

文化的地域性决定了生活在不同区域的人按照各自的方式创造着自己的文化。文化一旦被创造，就成了人们生活环境的有机组成部分，这种不同于自然的人造环境，被称为文化环境。文化一旦产生，不仅能适应和满足个人和社会的多种需要，还能影响生活在该文化环境中的人，具有特定的功能。文化的功能是强大的，具体体现在以下几个方面。

（一）记录与认知功能

文化一经被创造出来，就有了记录功能，记录着人类的活动历程，镌刻着各民族的历史记忆。世界各民族的文学几乎都是在口头文学的基础上发展起来的，直至目前，一些没有文字的民族依然如此。

文字作为文化的载体，极大地增强了文化的记录功能。中国的甲骨文、古巴比伦的楔形文字等，都为我们记录了早期的人类社会实践，让我们得以领略远古先民的智慧和能力。随着造纸术、印刷术的出现，以及科学技术的不断发展，史书典籍、科学著作、报纸杂志、音像媒体等无不发挥着文化的记录功能。凭借文化的记录功能，人类不断积累知识和经验，持续开拓新的认知领域，创造出了更加灿烂的文化。

物质文化也具有记录功能。每一件镌刻着历史记忆的器物，无不诉说着彼时彼地的风土人情和历史沧桑，我们也能感知到彼时彼地人们的精神岁月和实践活动，解读出创造者的审美观念和文化价值取向。例如，一幅《清明上河图》就让宋代都市繁华喧闹的场景呈现在了人们的眼前。

文化有了记录功能，也就有了认知功能。从认识论的角度看，人类的文化史记录了人类的认识史。从某种意义上说，令人神往的故宫、家喻户晓的《红楼梦》等都是历史的一面面镜子。人类正是通过文化来积累经验、改进思维方式、提高认知能力，从而认识自身、认识社会、认识自然、认识世界的。

人类还能通过文化不断改进物质认识工具，创造出新的物质认识工具，从而使认识能力不断增强。从望远镜到射电望远镜，从显微镜到CT机，从算盘到电子计算机，等等，都是很好的明证。

人类通过文化认识了不同国家、民族、阶级、阶层的昨天和今天，进而去探索它们的明天。人类学家摩尔根的一部《古代社会》就让我们认识了印第安人的原始社会。由此看来，一部人类文化史既记录了人类成长发展的心路历程又是一部内容丰富的人类认识史。

（二）传播与传承功能

文化的记录与认知功能决定了它还具有传播与传承的功能。任何一种文化现象都是社会现象，在社会交往中产生和发展，在社会交往中得到传播与传承。传播指文化向外的横向扩散，发生在社会群体之间；传承指文化向下一代的纵向传递，发生在社会群体之内。文化的传播和传承有时同时发生。

风靡一时的歌曲、款式新颖的时装、科学知识和技能的普及与推广，靠的就是文化的传播功能。文字和语言既是文化现象又是文化的载体，其传播、传承功能强大。语言能传播、传承，于是一个国家乃至不同国家的人都能说同一种语言，婴儿才会牙牙学语，各种信息才得以交流。文字有了传承功能，二十四史才能为我们承载中国古代社会早已消逝的诸多信息。

实物也可以传播。古代的丝绸之路、郑和下西洋、昭君出塞、文成公主入藏，促进了中国和邻国、汉族和少数民族之间的文化交流。随着科技不断进步，文化的传播功能更臻完善。

电话、电报、电脑，使天涯若比邻，四海成一家。世界上每个角落发生的事情，通过现代化的文化传播媒体——电台、网络等，我们都可以同步知道。文化的传播、传承还可以跨越时空。

（三）教化与凝聚功能

人的社会性决定了人的生存、发展对社会的依赖性。正是因为人对社会具有依赖性，文化的教化功能才得以通过社会价值观的灌输来实现。人所生活的文化（社会）环境，奉行什么样的文化模式，推广什么样的价值观，人就会自觉不自觉地将其内化为自己的观念，最终表现在行为方式上。

文化对人的教化是通过耳濡目染、潜移默化的方式实现的，以期人按照社会的价值标准行事，最大限度地削弱其动物性而将其成功地社会化。人从呱呱坠地起就生活在特定的文化环境中，父母教他学说话、识别器物……入学后，学习科学文化知识、道德规范等。社会上的种种规章制度、风土人情、风俗习惯等都引导他适应社会。

因此，在人类社会发展过程中，随着文化环境的改变，人们的行为习惯、思维方式、审美趣味和价值观念等都会随之发生变化。遵循此规律，历代统治者都把教化百姓当成政治方面的第一要务。

文化有教化功能，也就有了凝聚功能。文化的教化功能，使得生活在同一文化类型或模式中的社会群体，形成了相同的思维方式、价值观念和行为习惯，从而紧紧团结在一起，能够产生巨大的认同或抗异力量。

文化的凝聚功能，在民族群体中表现得尤为明显。苏联战胜德国法西斯，中国赶走日本侵略者，近现代此起彼伏的民族冲突和战争，就是认同或抗异的文化凝聚力量的表现。

中华民族历尽劫难，仍生生不息，中华传统文化的凝聚功能发挥了巨大作用。中华传统文化的凝聚功能，主要表现为忠君与爱国。发展到今天，忠君思想已经有了时代局限性，爱国主义仍然是我们高扬的旗帜。爱国主义是价值观念的具体体现之一，属于精神文化范畴中的内层文化，凝聚范围大，程度深，最稳固持久。

四、文化的构成要素

文化是由各种元素组成的一个复杂的体系。这个体系中的各部分在功能上互相依存，在结构上互相联结，共同发挥社会整合和引导社会的功能。

（一）精神要素

精神要素，即精神文化。它主要指哲学和其他具体科学、宗教、艺术、伦理道德以及价值观念等，其中尤以价值观念最为重要，是精神文化的核心。精神文化是文化要素中最有活力的部分，是人类创造活动的动力。没有精神文化，人类便无法与动物相区别。价值观念是一个社会的成员评价行为和事物以及从各种可能的目标中选择合意目标的标准。这个标准存在于人的内心，并通过态度和行为表现出来，它决定人们赞赏什么，追求什么，选择什么样的生活目标和生活方式。同时，价值观念还体现在人类创造的一切物质和非物质产品之中，产品的种类、用途和式样，无不反映着创造者的价值观念。

（二）语言和符号

两者具有相同的性质即表意性，在人类的交往活动中，二者都起着沟通的作用。语言和符号还是贮存文化的手段。人类只有借助语言和符号才能沟通，只有沟通和互动才能创造文化。而文化的各个方面也只有通过语言和符号才能反映和传授。能够使用语言和符号从事生产和社会活动，创造出丰富多彩的文化，是人类特有的属性。

（三）规范体系

规范是人们行为的准则，有约定俗成的如风俗等，也有明文规定的如法律条文、群体组织的规章制度等。各种规范之间互相联系，互相渗透，互为补充，共同调整着人们的各种社会关系。规范规定了人们活动的方向、方法和式样，规定语言和符号使用的方法。规范是人类为了满足需要而设立或自然形成的，是价值观念的具体化。规范体系具有外显性，了解一个社会或群体的文化，往往是先从认识规范开始的。

（四）社会关系和社会组织

社会关系是上述各文化要素产生的基础。生产关系是各种社会关系的基础。在生产关系的基础上，又发生着各种各样的社会关系。这些社会关系既是文化的一部分，又是创造文化的基础。社会关系的确定，要有组织保障。社会组织是实现社会关系的实体。一个社会要建立诸多社会组织来保证各种社会关系的实现和运行，家庭、工厂、公司、学校、教会、政府、军队等都是保证各种社会关系运行的实体。社会组织的构成要素包括目标、规章、一定数量的成员以及相应的物资设备等，既包括物质要素又包括精神要素。社会关系和社会组织紧密结合，成为文化的一个重要组成部分。

（五）物质产品

经过人类改造的自然环境和由人创造出来的一切物品，如工具、器皿、服饰、建筑物、水坝、公园等，都是文化的有形部分，在它们上面凝聚着人的观念、需求和能力。

第二节　高校德育的内涵解读

一直以来，我国教育界对德育概念存在着争论。有的学者认为，德育，顾名思义，就是指道德教育；有的认为这只是狭义的德育，广义的德育更适合我国。但对广义的德育，又存在着不同的认识与界定。对德育概念的认识，其实反映了不同的德育观，也将对德育实践产生不同的影响。

一、德育一词的由来

"德育"一词从何而来？人们常常会追溯至古代。其实，中国古代并无德育概念，更未直接使用"德育"这个名称。"德育"在我国近代出现，乃是西方教育思想传入我国之后，但究竟由谁最早正式提出来，尚不得知。

在我国古代虽然没有直接使用"德育"这一名称，但是有德育之实。古人常用"教""教学""学""道""德"等词表示德育。比如，《说文解字》中的"学，觉悟也"；《礼记·大学》中的"大学之道，在明明德，在亲民，在止于至善"等。

到近代，我国曾用"道德教育""训育""训导"等概念表示德育。西方教育思想传入我国之后，教育界开始明确地使用德育这一概念。在外国教育发展史上，比较长的时间内是将德育混同在教育概念之中。早在18世纪七八十年代，德国哲学家康德就把遵从道德法则培养自由人的教育称为"moral education"（道德教育，简称德育）。瑞士的教育家裴斯泰洛齐也使用过"道德教育"一词。19世纪德国著名的教育家赫尔巴特说："教育的全部问题可以用一个概念——道德包括。"这里很明显的是把教育与德育等同起来了。他还说："我不承认有任何'无教育'的教学，教学具有教育性。"英国哲学家、教育家斯宾塞在1860年出版的《教育论》一书中，把教育明确划分为"智育""德育""体育"。这表明西方社会已于19世纪后半叶形成德育这一概念并被世人所接受。这个新名词于19世纪末20世纪初传入我国。我国清末极具影响力的资产阶级启蒙思想家、翻译家和教育家严复提出应贯彻"体、智、德并重"的教育观，培养智、德、体几方面都应得到发展的"真国民"，认为教育之事"尚分三宗，曰体育，曰智育，曰德育，三者并重，顾主教育者，则必审所当之时势而为之重轻"。1904年，王国维以"德育"与"知育""美育"三词，向国人介绍叔本华的教育思想，他1906年在《教育世界》第56期上发表《论教育之宗旨》，提出"教育之事亦分为三部，智育、德育（即意育）、美育（即情育）是也"。1905年，陈宝泉等编著的《国民必读》第四课标题为《说德育》，提出"体育、智育、德育必须并重"。1912年，蔡元培撰文阐述新教育思想，主张"军国民教育""实利主义教育""公民道德教育""世界观教育""美感教育"并举。"德育"一词就这样在我国逐渐普及并成为我国教育界通用的术语。

新中国成立以后，在德育概念的表达上比较混乱。在20世纪50年代，照搬苏联教育界的用法，用狭义的教育表示德育；在20世纪六七十年代，用我国思想政治工作的习惯用法，称德育即思想政治教育或政治思想教育；改革开放后，把德育说成道德教育或伦理教育等。到20世纪80年代，我国教育理论界统一认识，普遍使用"德育"这一概念，并通过对德育内涵的重新探索，认为德育就是思想品德教育。在1988年召开的全国中小学德育工作会议上正式确定统一使用"德育"这个术语。

二、德育的相关概念解析

与教育的概念一样，"德育"也是一个组合概念，是由"德"与"育"组合起来的。"德"是一个内涵极为广泛的概念。汉代许慎在《说文解字》中说："德，外得于人，内得于己也。""德"可引申为一个时期有利于人们物质关系的观念，这种观念主要反映在政治、思想、道德、法制等方面。"育"是灌输、培养、训练的意思，是一种有目的的实现手段，指对德予以贯彻和实现。现代意义上的育与教育是一个同等的概念。因此，人们常说的"德育教育"，其实是不科学的。

那么，究竟什么是德育呢？对德育概念的认识如同对教育概念的认识一样，存在着狭义与广义两种。狭义的德育专指道德教育，是道德教育的简称，亦即西方教育理论所讲的"moral education"，一般指伦理道德教育以及有关的价值观教育。

当前我们所说的德育，大多指广义的德育。广义的德育概念可以定义为：德育是教育者根据一定的社会要求和受教育者的需要，遵循品德形成和发展的规律，采用有效的方法和手段，让受教育者主动生成与建构思想品德的教育活动。它包括政治教育、思想教育、道德品质教育和个性心理品质教育等。简言之，德育就是促进学生思想品德的形成与发展的教育活动。从中我们应认清这一概念的内涵包含以下几个要点：第一，德育是一种教育活动；第二，德育是教育者与受教育者共同参与的活动；第三，德育是有目的、有计划、有组织的教育活动。

从德育概念的外延看，包括道德教育、政治教育、思想教育、法纪教育和个性心理品质教育，它们之间既有联系又有区别。

（一）道德教育

道德教育指的是关于个体与个体、个体与群体、个体与社会、个体与自然的行为规范和准则的教育。它包括家庭伦理道德、社会公德、国民公德、职业道德、个人品行修养等方面的教育，强调人的良心、良知，强调义务感，强调自觉与自愿的统一。

西方所谓的"德育"就是道德教育，所形成的"德育理论"是道德教育理论。而我国的"德育理论"是以广义的德育即大德育为基础构建的德育理论框架，这种语义与概念上的分歧，常常导致我们在对中外德育理论做比较研究时产生混乱。我们的德育既包括道德教育又大于道德教育。

不可否认，德育不仅应成为我国学校教育的重要组成部分，还应成为我国学校教育的基础和根本。德育通常是从最基本的道德教育入手，培养有道德的学生，使其具备做人的基本道德品质，过有德性的生活，是其健康快乐成长并拥有幸福人生的决定性因素。加强政治教育和思想教育的有效性，必须以有效的道德教育为基础。品德高尚的人在政治上也会有进步。道德感的沦丧是人们在政治、思想上蜕变、堕落的重要原因。重视德育基础是世界教育理论的共识，也是德育改革的共同趋势。将道德教育作为学校德育的基础，并将其作为学校德育工作的核心是非常必要的。

（二）政治教育

政治教育主要是指按照国家特定的政治观，向受教育者传播相应的政治理论和政治价值观，帮助他们树立起正确的政治立场与政治信仰的教育。

德育是统治阶级维护其统治的工具和手段，任何时代、任何社会形态的德育都必然向受教育者传授本阶级的政治主张、思想体系，以维护本阶级的利益和社会的安定与发展。

我国的教育目的与德育目标决定了我国学校教育的性质制约着学生的发展方向，政治教育必然是我国学校德育的重要组成部分。政治教育和道德教育虽然同属社会的上层建筑，是在共同的社会经济基础上建立起来的，但它们在内容、存在方式、与社会经济基础的联系、对社会所起的作用等方面是完全不同的。政治教育应根据目的的不同采取相应的途径、手段、方法，宣传、说教、灌输是政治教育一些惯用而有效的方法。实践证明，我国学校德育在政治教育方面有着成功的经验。然而，我们要防止学校德育过分政治化的倾向，这样易导致人们对德育产生"逆反"心理，学生的道德品质不能得到正常的发展，学校德育将受到严重阻碍。

（三）思想教育

思想教育与道德教育两者有着十分紧密的联系，不能将道德教育与思想教育割裂开来，单方面强调道德教育的生成而忽视思想教育的引导，就不能更好地提升道德教育；而单方面强调思想教育的引导而忽视道德教育的生成，思想教育本身就会显得空泛。因此，"三观"教育理应成为学校德育不可或缺的重要内容。

在我国，高校思想教育的主要方式是教育者对相应思想的理论进行讲解与评论，是一种灌输与说教式的认知性教育。要使思想教育具有成效，就要改变这一状况，不要一味地讲大道理，而是要让学生在自身的生活实际与社会实践中进行体验与领悟，帮助他们解决矛盾，了解世界的本来面目，明了人生的真谛，追寻人生的意义。

（四）法纪教育

法纪教育是指引导学生充分认识社会主义法制对保障社会发展的重要性，培养学生自觉遵守纪律的良好行为习惯。在社会文明不断进步的同时，一些灰暗、消极的现象还在一定程度上存在，阻碍着社会环境的净化。仅仅依靠人们自觉的思想、道德约束是不够的，法律约束必不可少。对学生进行法纪教育，就是要帮助他们知法、懂法、守法守纪，使其自觉维护法律的尊严，从而减少乃至消除青年违法犯罪、危害社会的现象。

（五）个性心理品质教育

个性心理品质教育主要是指培养学生良好人格和个性、提高学生心理素质的教育。个性心理由两方面组成：一是个性心理倾向性，包括需要、动机、兴趣等，它是人的行为的潜在动力；二是个性心理特征，包括气质、性格、能力，它比较稳定地反映了个体的特色风貌。大学生正处于身心发展的关键时期，通过对他们进行个性心理品质的教育与训练，可以培养他们良好的心理素质，帮助他们学会如何恰当有效地应对现实生活中所面临的各种压力、如何进行情绪调节等，使他们更有效、积极地适应社会、适应自身的发展变化，还可以预防心理障碍和心理疾病的产生，促进他们全面和谐地发展。我国传统的学校德育存在着内容陈旧、工作层面浅的现象，而个性心理品质教育拓展了传统德育内容的范围，把如何认识自我、处理人际关系、调节和控制自己的情绪等问题，纳入了整个学校德育大系统中。因此，对学生进行必要的个性心理品质教育是学校德育必不可少的。

长久以来，人们把个性心理品质教育窄化为心理健康教育，把心理问题和品德问题混为一谈，在教育学生时不自觉地把心理问题道德化；而现在一些人又片面夸大个性心理品质教育的作用，主张用个性心理品质教育（甚至仅指心理健康教育）取代学校德育，一些学校心理咨询的滥用，导致学校在教育学生时，片面地将学生品德问题心理化。

心理咨询不能与道德教育等同，更不能取代学校德育。但是，心理咨询在观念、方法、内容上，对学校德育具有补偿功能。在心理咨询的辅助下，学生得以克服意识障碍，建立起良好心境，或使心理疾病得到矫治，学校德育因此可以收到更好的效果。因此，心理咨询可以是也应该是学校德育的一种有效的辅助手段。

还有更为广义的德育界定。有人认为德育除政治教育、思想教育、道德教育与个性心理品质教育之外，还应当包括法制教育、性教育、青春期教育、环境教育等。以至于人们打趣说："'德育'是个筐，什么东西都可以往里装！"这就是德育概念"泛化"的问题。

第一，学校德育虽然外延比较广，但并不是无所不包，"大"要大得有边界、有标准。第二，应该承认"大德育"的核心或基础是道德教育。第三，我们主张在理论上把"德育"界定为"道德教育"，使它与"政治教育""思想教育"和"个性心理品质教育"区分开来。但在实践中，我们则强调"道德教育"与"政治教育""思想教育"和"个性心理品质教育"的有机联系和不可分割。实践也已证明，德育概念泛化的直接后果就是学校德育不能承受其重。

第三节 高校德育与文化传承的关系

一、文化传承的内涵与特征

党的十九大报告指出："文化是一个国家、一个民族的灵魂。文化兴国运兴，文化强民族强。""要坚持为人民服务、为社会主义服务，坚持百花齐放、百家争鸣，坚持创造性转化、创新性发展，不断铸就中华文化新辉煌。"只有紧紧把握住时代发展的脉搏，为传统文化寻找到转化发展的表达方式，才能为坚定文化自信、推动中华文化繁荣兴盛注入强大力量和不竭动能。

在经济全球化的时代浪潮中，随着我国高等教育的不断发展，人类不断面临着比过去更多的挑战和变化，而在这所有的挑战当中，最严峻的挑战则是来自人类自身的道德水准迫切需要提升，经济全球化不但给中国带来了很多创业机会和学习机会，而且也带来了许多新的诱惑，受这些不良社会风气的影响，大学生的价值取向和思想观念都受到了一定程度的影响，我国高校大学生很大一部分都出现了道德底线下降和人文精神衰弱的现象，想要面对如此复杂的国际环境和形势，现代高校德育改革就势在必行。

在我国传统的思想文化中，有很多经过上百年历史沉淀之后依旧留存下来的道德教育方法和内容，这些方法具有很重要的借鉴意义，譬如儒家的道德思想。综上，文化传承与高校德育建设工作息息相关，密不可分。我们也应当充分认识到促进文化传承对于当代高校德育建设所具有的重要意义。

（一）文化传承的内涵

文化传承的概念应当分为两部分来理解，一个是文化，另一个是传承。首先说文化，在人类文明的发展进程中，文化对于推动人类社会的全面发展具有重要的作用。但是关于"文化"的定义，国内外学者说法纷繁不一，至今为止仍没有定论。文化的概念与自然、生活、社会等这一类的临界概念有着密切的联系，其中所包含的内容也非常广泛，"文化"一词在我国历史悠久，各派学者对文化的定义也没有达成统一。

由前文可知，文化是一个由社会历史积累而成的不断变化的复杂的有机系统，是人类在实现自身价值的过程中产生的物质财富和精神财富，大体可以分为物质层面、精神层面、制度层面、行为层面，包括物质实体、语言文字、社会规范、规章制度、风俗习惯、民族礼仪、价值观念、思维方式、道德情操、宗教感情及民族性格等。

再说传承，希腊文为"paradosis"，拉丁文为"tradere"，意为"传递""传话"，指被接受的学说的传递和继承。传，传递，这里指传授的意思。承，托着，接着，这里是继承的意思。传承，泛指某某学问、技艺、教义等在师徒间的传承和继承的过程。本文所指的文化传承意为对我国传统文化进行学习、理解，取其精华、去其糟粕之后结合现代社会环境予以实践和运用。这一整个过程意为文化传承。

（二）文化传承的特征

1. 引领性

随着经济全球化的到来，我国的综合国力日益增强，再加上我国近年来盛行孔子学院，大力弘扬孔孟传统文化，使得海外对中国传统文化渐渐有所了解，中华文化的广泛传播在一定程度上使得世界各国从中受益。我国传统文化的世界观和价值观以各种形式影响着世界各个国家。我国文化的传承具有一定的引领性。

2. 地域性

地域是文化的主要影响因素，地理环境的多样性造就了地域的不同，而地域的不同又形成了多样的文化，所以环境和地域的多样性直接造成了文化的多样性。从另一个角度说，承认文化传承的地域性也就是要实现地域、人文、文化之间的相互作用，在这三者中，地域是基础，文化是精华，而人文则是核心，三者只有和谐相处、互相促进，才能使得文化得到良好的传承。

3. 延续性

文化都是经过历史的沉淀的，所以都会以延续的形式存在，具有延续价值的文化才可称为优秀的文化，也就是有价值的文化，在文化的传承过程中，要秉承"取其精华、去其糟粕"的原则，使其延续性得到发挥。

我国文化的传承具有很明显的延续性，这得益于我国相对封闭和独立的地理位置，由于没有经受外来文明的冲击，所以先进的文化会被迅速地流传和沿袭。另外我国文明也具有很强的包容性，在和其他文化进行交往和碰撞的过程中，能够吸取其精华部分为己所用，从而强化我国文化的优势，弥补其不足，使其继续延续。

4. 兼容性

兼容性这一特征比较好理解，对文化的传承应该秉承一种开放性的胸怀和态度，合理地对文化内容进行容纳和吸收，使文化具有兼容性，而在文化兼容的过程中，原本的文化应保留其原有的文化核心，在此基础上吸收外来文化的优势，更好地去完善自身。而且在继承中还要有选择性地对文化进行传承，不能过分地去兼容，盲目地去兼容，坚决杜绝"拿来主义"，只吸收其合理部分，淘汰不合理的部分，吸收其符合我国国情的部分，淘汰有悖于我国国情的部分，经过实践检验后留下优秀的文化，从而更好地完成文化传承。

二、高校德育与文化传承的联系

中国传统文化源远流长、博大精深，又具有十分丰富的内涵，当之无愧是人类的重要财富，为当代德育工作提供了许多素材和内容，是当代德育工作的重要资源。

传统文化中的很多内容都与高校德育工作密不可分。例如，传统文化中的"严于律己、修身养性"着重强调道德教育和自我修养，可见对"德行"的重视。孔子曾经说："吾日三省吾身，为人谋而不忠乎，与朋友交而不信乎，传不习乎？"就是在教人注重自己的德行修养，随时自省，监督自己，凡事从自身找原因，强调个人的主观能动性。这些思想都是高校德育工作的重心所在，对学生的意识、思想、行为等都会产生积极的影响。

（一）二者具有一致性

要想探究文化传承和高校德育之间的关系，就要明白二者的本质都是什么，总体来说，文化传承是一个文化的"发展方向"，道德教育也即德育则是一种"价值观"的导向和监督。因此，我们分析文化传承和高校德育之间的关系就是要分析文化的"发展方向"和"价值观"之间的关系。

高校德育和文化传承之间是辩证统一的关系,德育影响着文化传承的发展方向,"价值观"是个体对周围客体事物的定义、评价以及看法,表现为衡量世间事物好坏的准则和尺度,是一种价值取向和追求的评判,即去判断事物有无价值及价值大小。

所以,"人们如果拥有不同的价值观,也就是德育所产生的效果不同,就会创造出性质完全不同的文化成果"。例如在封建时期,社会阶级层次比较分明,封建管理层级比较注重个人享乐和外在装饰,所以那个时代所衍生出的文化多数都是手工艺奢侈品,革命战争年代所衍生出的文化则多围绕民主、和平、自由等。而在经济全球化的今天,由于价值观越来越多样化,衍生出来的文化也都具有多元化的特征。

换言之,文化传承又是高校德育的重要载体,文化本身就以多种多样的形式存在,也具有很多不同的内容,但是无论以何种形式存在,呈现出什么样的内容,它们都承载着一些核心的价值理念,一般都是通过诗词、曲艺、小说、文赋、电影等文化形式呈现,用以在社会和人群中传播和发扬。屈原的《离骚》、四大名著《西游记》《水浒传》《三国演义》和《红楼梦》等,都蕴含着很多价值观和道理,传递着各种各样的文化。

综上所述不难看出,文化传承与高校德育工作在一定程度上互相影响,具有一致性。

(二)二者具有契合性

文化传承和高校德育的目标具有很强的契合性,文化传承的目的是让优秀的文化继续传递下去,从而更好地帮助人们修正价值观和世界观,帮助人们建立更完善的人格和素养,无论是在社会中还是家庭里都能借鉴优秀文化,得到正确价值观的指引,用一种正确的观点和看法去对待现实生活。而高校德育的最终目标也正是如此,学生是国家的希望,是祖国的未来,学校里的学生对社会接触较少,比较单纯,人格和性格都在养成阶段,道德教育在高校中的作用就是在学生人格的养成阶段帮助学生建立健全的人格,把学生培养成德才兼备的能为社会所用的全面人才。

既然文化传承和高校德育的目标都是帮助人们健全人格,培养全面发展的人才。那么什么才是健全的人格?什么样的人才又能称为全面发展的人才呢?

自古以来,学者前辈们就对理想的、完善的人格有所定义。最有代表性的就是儒家孔子的学说,儒家认为"为人当君子,而非小人",所谓君子则是拥有较高的道德水平的人,孔子认为理想和完善的人格是有道德、有智慧、有韧性、有才能的人格，强调做人要有仁爱之心，仁是义、礼、智、信的根本，主要体现在，与父母要孝悌，与君臣要仁义，与夫妇要尊重，与长幼要有序，与朋友要守信。暂且不去探究孔子的儒家学说是否现实，又是否像很多学者说的是空想，可以肯定的是孔子的儒家学说所追求的完善的人格目标也恰恰正是当代高校道德教育所要追求的一个理想的结果。高校德育工作除了要帮助学生建立健全的人格之外，还要对学生价值观的树立有一个正确的指导，避免学生在现实世界中迷失自我，一味地追求物质生活，而轻视精神生活，引导学生养成艰苦朴素、乐善好施的习惯。

个体的人格指导着个体的行为，所以塑造完善的人格对整个国家乃至社会都大有裨益。

（三）二者具有相通性

传承文化与高校德育的途径不言而喻，就是教学，不管是要完成文化传承还是完成高校德育工作，都要通过教学的方式，二者在一定程度上具有相通性。教学分为教和学两部分，教是客观地教，学是主观地学。在教育途径上，文化传承与高校德育应坚持客观地教与主观地学相统一的原则，使文化传承与大学德育更好地完成。

在德育的过程中，施教的方法和途径是非常重要的，科学的施教方法包括因材施教、有教无类、尊师重道、言传身教、劳逸结合。

因材施教就是根据受教育者自身的实际情况和特点，采取不同的教育方法进行教育，只有这样，才能达到教学目的，事半功倍。

有教无类是说在教学的过程中教育者不可根据主观喜好和学生们的贫富贵贱去区别对待受教育者，所有的受教育者都应当有权利接受同样的教育和教导，尊师重道则是指施教者要树立自己的威信，规范自己的行为，在受教育者中做一个德高望重的榜样，从而引导受教育者们对待自己的师长都应报以尊重、尊敬和敬重的态度。言传身教是说教育者在教育方法上不应只采用单纯的"洗脑式"的教授方式，而应该严于律己，从自身出发，以同样的要求要求自己，以自己的行为为教学榜样去引导受教育者。劳逸结合则是指注意学习的节奏，要适当地加以娱乐，以便于更好地使受教育者去理解教学的内容，避免教学内容枯燥乏味，从而提高教育的效率。

作为教学的另一方，受教育者也要充分发挥主体性的作用，只有好的施教方法而没有受教育者的良好配合，也无法实现有效传授的目的。受教育者要确立正确的学习目标，要有奋斗精神，兢兢业业地学习，要经常思考，在道德修养方面要积极地发挥自己的主动性，实现既定的道德理想。

三、在高校德育工作中推进文化传承的基本原则

在文化传承这一重大使命中，高校德育工作具有重要的地位和作用，这既是对学校自身功能认识的提升，也是对以往教育理念的一种充实和深化。推进文化传承，对于我国高校德育工作具有重大的现实意义，也符合高校肩负的社会责任，在推进文化传承的过程中，只有遵循文化传承的基本原则，才能更好地探索文化传承的途径，实现更高效率的文化传承。

（一）全面发展原则

借助优秀传统文化开展德育工作时，不但需要突出重点，还需要关注学生的全面发展。应该以科学发展观中"促进人的全面发展"为指导，利用优秀传统文化的丰富内涵，激发学生的想象力和创造力，兼顾学生的个性发展需求。应该科学地设立教育目标系统，而不是设立单个的教育目标，力求实现助力学生全面、协调、可持续地发展。

（二）渐进性原则

文化的发展和传承是一个循序渐进的过程，文化本身的形成受社会经济发展程度的影响，又具有自身的发展规律，所以它具有很强的独立性。

从文化的形成过程来看，文化的形成经历了一个漫长的过程，在推进文化的传承上不能单方面地去推进，单一地注重某一个方面的文化都是片面的，要协调发展、统筹兼顾，立足实际、合理规划。在方式上也不能急功近利、急躁冒进，而是要逐渐深入、逐步深化、春风化雨。

（三）融合性原则

文化是多元化的，不同形式的文化有其各自不同的特点，所以文化传承也并不是某一单一学科就能独立完成的。

高校在推进文化传承过程中，要充分利用好自身优势。我国高校现在大多数都是综合性的大学了，条件比较优越，学科门类特别齐全，为学生接触各个不同学科，接触各种不同的文化创造了优越的条件。这有助于开拓学生们的视野，增长学生们的见识，活跃他们的思维，能真正地为培养全面发展的高素质人才起到最基础的作用。高校在推进文化传承的过程中，要学会借力，融合多学科的优势，以此达到自己的目的。

（四）开放性原则

在高校德育工作中推进文化传承要秉承的开放性原则来源于文化本身所具有的开放性特点。抛开文化的开放性，文化传承就像没有源头的水，没有根基的楼。在这里要强调的是虽说文化传承具有开放性，但是任何的文化和思想的

传承都是秉着批判继承的态度进行的，一方面要对原有文化中优秀的、值得借鉴的东西加以继承和发展，另一方面还要对文化中不科学、不合理的东西加以批判和否定，而不是一味地开放性继承。

从推进文化传承的心态上来讲，在推进文化传承的过程中必须要本着兼容并包的良好心态，用宽阔的文化视野去吸收不同文化的精华。

从推进文化传承的载体上来讲，文化的传承需要一个载体、一个环境，一个自由开放的环境，没有自由的环境，文化的传承就将失去存在的基础条件，我国高校德育工作正是这样的一个载体，课堂为同学们提供了一个相对开放的交流空间，学校的硬件设施如图书馆、典藏室等也为学生们提供了开放的文化交流环境。

从推进文化传承的态度上来讲，应该解放自己的思想，不盲目地屈从于学术权威，要敢于质疑，敢于挑战，不能一味地满足于已有的学术成果，要通过探讨、反复论证、质疑甚至是批判来推动文化的传承。正是先人们勇于质疑，文化才进化到了今天，才有了今天的文化环境。再有，自由和开放是在一定范围内的自由和开放，是有前提的，不能违背学术规范和学术道德，在遵守道德和规范的基础之上谈自由和开放。

第二章　中国传统文化的价值

以儒家文化为核心的中国传统文化具备强大的包容性和变通性，这使得中国传统文化至今仍然对当代社会具有不可忽视的价值。本章分为中国传统文化的历史地位、中国传统文化的当代价值、中国传统文化与德育的逻辑关系和理论契合三部分。主要内容包括：中国传统文化是中华民族繁衍生息的源泉、中国传统文化对世界文明发展的积极贡献等方面。

第一节　中国传统文化的历史地位

不可否认，进入近代社会，由于西方文明的冲击，中国传统文化面临着进退两难的艰难抉择。但纵观历史发展的历程可以发现，中国传统文化作为中华民族的灵魂和脊梁，成功把以农业为本的中国人稳定地维系在了一起，并维系着中华民族的繁衍生息，另外，中国传统文化作为唯一没有中断过的文化体系对世界文明的发展起了巨大的推动作用。

一、中国传统文化是中华民族繁衍生息的源泉

（一）中国传统文化的形成与演变

历经千载浮沉，中国传统文化经历了辉煌、衰落、复兴各个阶段。在21世纪迫切呼唤树立文化自信、实现文化自强的今天，传统文化作为一座宝库、一剂良方，被负之已久的大众重新欣喜地拾起，如获至宝。但是，今天的我们是否了解这座精神宝库？中国传统文化博大精深、源远流长，是中华上下五千年各民族集体智慧和创造力的结晶，对整个人类历史文明做出了巨大贡献。

要了解中国传统文化的丰富内涵，首先，我们有必要梳理一下中国传统文化的形成时期及演变过程。

中国传统文化起源于何时，目前史学家没有明确的定论。在近两千年的封建社会之前，中国经历了漫长的原始社会，这期间的历史多数没有被记录下来，我们只能在一些残留的古物和后世记载的只言片语之中去大致了解那个时代的文化历程。

关于远古文化起源的理论，《周易》最早记载了关于神农、黄帝、尧、舜、禹等古代帝王改造环境、造福万民的事迹。《史记》有记载中国文化是"自黄帝始"，五四新文化运动时期曾对这些典籍记载的文化起源全盘否定，认为上古传说中的英雄人物如"神农、黄帝"等是全无真实性的神话人物，甚至对大禹的存在也持怀疑态度。

但是，随着古文献研究的深入，我们发现，诸多文献都有关于这些上古人物事迹的记载，这些人物在传说中的事迹可能确有夸大，但是，并不能否认其存在的真实性。在文字还未成形的远古时代，人们对于自己的历史只能是口口相传，一代一代地讲述，直到很多代以后，后世人们对于祖先事迹，只是存在了一些遥远而模糊的记忆。因为记得并不真切，所以自己添些细节使其成为更加完整的故事，这就成了传说，比如，《山海经》。但是，并不能因此就认为，所有的相关人物都是毫无根据的臆想。商代以前，中华民族就有很长的一段历史，这是真实可信的。所以可以说，中国传统文化起源于比夏商周以前更远古的时代。

商代的青铜器已经达到了繁荣鼎盛的时期，为文字的记载和传播奠定了一定的基础。《尚书》中曾有记载："惟殷先人，有册有典。"我们可以推知，在商代，典籍就已经存在。虽然现已难寻殷典踪迹，我们还是可以从一些难得的甲骨文残品中看出商代文化的端倪。西周时期《周易》的出现，对当时乃至后世的文化繁荣都起到了巨大的推动作用。

孔子对周代文化有很高的评价，认为在夏、商两代基础上发展起来的周朝礼仪制度，是非常丰富而完备的。一言以蔽之，殷周时代是中国传统文化形成的时期。紧随而至的春秋时代，出现了两位非常具有代表性的哲学思想巨人：孔子与老子。孔子开辟了中国伦理学说洪流，而老子成为中国自然哲学的宗师。这两位春秋末期的思想家，双峰并峙，开启了中国文化走向多元化繁荣的新局面。

再到战国乱世，一时间群雄并起，诸子百家百花齐放，开启了中国传统文化大发展大繁荣的时期。各学派都是自成一家，各有特点，在战国末期，随着秦朝对天下的一统，百家思想的辩论与斗争趋近白热化的程度，且学派内部也多有分裂，化为更多的分支流派。所以在战国独特的学术自由时期，思想文化呈现一片繁荣景象。所以，在这个时期中国传统文化的基本体系构架得以初步形成。

秦始皇实行了中国历史上第一次文化专制主义，一把火将《诗》《书》、诸侯国史书，以及"百家言"化为灰烬，这是中国传统文化发展遭遇的一次严重挫折。但随后推翻秦朝的农民起义直接地证明了这种专制主义的不可行。汉初黄老治国推行，随后汉武帝发展文治武功，"罢黜百家，独尊儒术"，繁荣活跃的春秋战国"百家争鸣"时代自此退出了历史舞台。虽然当时经学占主要地位，但两汉时期人们在天文学、医学、算学、农学等方面还是取得了光辉的成就。比如，地动仪、《黄帝内经》这些传世之作就成就于这个时期。其后，魏晋玄学盛行，宋明理学对人生哲学的成就，都成了中国传统文化演变的一个又一个里程碑，记录着中国传统文化发展与成熟的过程，记录着它是怎样演变成一个庞大并且系统的理论体系的。

但是，自明初始，统治者采取八股文取士的科举制度，命题限制于四书五经，文体限于八股文。这种制度在前期的确对全社会人才公平竞争、遴选优士起了一定的作用；但更多的是禁锢了思想，使有识之士耽于钻研无用的古文，难以发挥个人见解，更无从谈创新，这使得文化发展严重受阻。清代统治者更是大兴"文字狱"，以酷刑峻法钳制人们的思想，还闭关锁国、故步自封，使得思想僵化，学术枯萎，远远落后于西欧了。

19世纪40年代，一声炮响轰开了沉寂太久的国门，战争的失败更使中国遭遇了严重的民族危机，西欧文化的冲击使得传统文化更处在风雨飘摇之中。最后伴随民主革命与新民主主义革命的洗礼，中国进入近现代时期。此时，以儒学为主体的传统文化时代渐渐淡出历史舞台，人民对于文化的探讨与论争开始集中到中西文化的优劣异同。

随着近年来中国经济不断发展，综合国力不断增强，文化寻根的意识开始在中国人民的心中凸显出来。我们需要找到新的文化立足点，找寻属于中华民族的精神旗帜。基于此，对中国传统文化的内涵与当代价值探寻，也开始在各阶层、各地域活跃起来。

（二）中国传统文化的基本特征

就总体特质而言，炎黄文化与哲学、宗教文化不同，是倾向于内向发展的文化，是入世精神的文化，力求把人和自然的关系、人和人的关系、人自身的身心关系自然地调和起来，达到某种平衡，以适应外界状态，这是一种理想状态，一种天、地、人、社会和谐共处的状态。故儒家强调："礼之用，和为贵。先王之道，斯为美，小大由之。"道家主张"顺应自然，与物委化"。

《周易》云：阴阳交感，相反相成。这种思想表现的心理定式，与康德的二律背反、达尔文的生存竞争、黑格尔的否定之否定等不同，西方是外向型的，炎黄文化以内外、身心的协调为价值取向，以人伦本位为结构体制，以求和、合作为思维模式。

1. 统一性与多样性

在秦汉时期，中国传统文化开始形成封建的大一统文化，董仲舒更是把倡导的"罢黜百家，独尊儒术"这个统一性推向极致，并在此后延续数千年的中国社会内一直居于主流地位，中国传统文化的统一性主要指的是在世界范围内区别于西方文化的内敛与端秀。其实，中国传统文化具有统一性与多样性的特征。从内容上看，中国传统文化中既有对自然万物的探讨，又有关于政治的、经济的、文化的考量，其中"精华"与"糟粕"共存，而"精华"部分则是世界文明的共同财富，不能因为强调封建社会意识形态的阶级性而盲目地否定其合理性。而从中国传统文化的发展历程上看，中国传统文化源远流长，从远古尧、舜、禹的开拓精神，到中国共产党人的艰苦奋斗精神，都展示着中国传统文化的博大精深。

再从中国传统文化的学术派别上看，中国传统文化以儒学为主导因素，是儒、释、道三家并存而多元互补的文化，在长期的发展过程中，儒、墨、道、法、阴阳、名、兵、农等诸子百家经过彼此的融通和衍化，逐渐形成了中国独特的文化源流。用马克思主义哲学观点来审视，中国传统文化是中国古代哲学对宇宙、社会和人生问题的思考，中国传统文化蕴含大量的朴素的唯物主义和辩证法思想。

从文化层面上看，其人文价值既有对道德伦理的价值追求，又有对哲学的、宗教的、文学艺术的、终极关怀的价值追求。因此，我们不能单纯局限于某一种领域或方面来评价中国传统文化，我们要多方面、多层次、多角度地开掘中国传统文化内蕴的当代意义，正确理解中国传统文化的统一性与多样性，为传承中华优秀传统文化而服务。

2. 连续性与变革性

中国传统文化是一个历史悠久、世代延续、未曾间断的文化，这在世界文明史上绝无仅有。

从远古时代到夏商周时期，中国传统文化经历了一个漫长的发展和积淀的过程。春秋时期，各学派争芳斗艳、百家争鸣，不同学派在学术观点和政治主张上存在着不同程度的分歧与对立，文化的主要特点从神秘化、理想化、宗教化的原始状态下升华出来，凝聚成中国传统文化的基本精神。至秦汉，董仲舒强调统一思想，倡导"独尊儒术"，提出德、刑并用而以德政为主的政治思想，为后来以儒为宗的传统文化模式提供了蓝本。至宋代，二程、朱熹等人对儒学进行第二次大改造，建立了"理学"体系，中国传统文化进入鼎盛时期，但已表现出盛极转衰的趋势。至元明清时期，中国传统文化走向衰弱，处在一个封闭、僵化期，但仍伴随着各种文化思潮不断兴起。

从中华文明发展历史进程中可以看出，中国传统文化表现出一种顽强的生命延续力和时空穿透力，正是这种无与伦比的延续力和穿透力，使得中国传统文化成为世界上唯一绵延不绝发展至今的文化类型。而从另一方面来讲，中国传统文化的发展又是延续性与变革性的统一。理论上，中国传统文化的发展进程是一个在传统的基础上不断创新变化的过程。

以晚清为例，"中体西用"和"进化论"两个在晚清影响最大的文化思潮相继产生，西学的大量涌入，君主立宪、民主共和等政治理论也在此时被引入中国，并与传统文化交融，催生了中国近代的政治思想。因此，我们准确地把握中国传统文化这一发展特征，不仅可以消除在理解传统文化时把传统等同于守旧的偏见，更为我们今天研究传统文化的现代意义提供了方法论的启迪。

3. 独立性与融通性

中国传统文化在发展历程中较早地形成了自己的独特的体系，而这个体系是中国人自己独立创造的。考古资料证明，中国传统文化作为一种本土文化不仅有着独特的汉字语义和语音体系，还以方块字为载体独创了自己的思想学术体系，形成了华夏民族独有的典章制度、礼仪民俗和民族气质，创立了独一无二的中医学理论体系。虚拟写意的戏曲艺术，气韵生动的中国书画，工整对仗、情理交融的楹联艺术等都在彰显着中国传统文化的独有魅力。

传统文化对外来文化又具有非凡的吸纳力和融通性。唐代文化多彩多姿，底蕴丰富，新意迭出，思想深邃。例如，从印度传入的佛教逐渐中国化，佛教文化开始成为中国文化的一个有机组成部分，随着基督教、伊斯兰教、犹太教的传入，唐文化呈现出一派胡曲雅乐互放异彩的繁荣景象。

几千年中国传统文化的发展表明，既吸纳和融通外来文化作为本民族文化的组成部分，同时又保持中华本土文化的主体性地位，正是中国传统文化能不断发展并始终充满活力的奥秘之所在。因此，在大力弘扬中华民族优秀传统文化过程中，既要反对全盘西化的民族虚无主义，又不能因此而拒绝吸纳世界文化的优秀成果为我所用。

(三)中国传统文化的基本精神

文化的基本精神就是文化发展过程中的内在动力,也是指导民族文化不断前进的基本思想。中国传统文化在历史发展进程中,积淀和形成了自己独特而伟大的民族性格和民族精神,概括起来主要有以下四个方面:天人合一,贵和持中,尊亲崇德,刚健自强。

1. 天人合一

天人合一,所谓"合一"指相互依存、对立统一。中国传统文化基本精神之一的"天人合一",是中国人处理人与自然关系时所秉持的基本思想,也是一种关于人、人生理想的最高觉悟与境界。

天人合一思想在春秋时就已经出现了,《易传》中说太极生两仪是万物的根源。《序卦》中说"有天地,然后有万物,然后有男女;有男女,然后有夫妇",就是肯定了人类是自然界的产物,是自然界的一部分。战国时期,孟子的"天人合一"思想讲的是人与义理之天的合一。汉代,"天人合一"思想在董仲舒那里演变为天人感应论,提出"人副天数"说,鼓吹"以类合之,天人一也""人之为人,本于天也"。所以,人的一切言行都应遵从天意,凡有不合天意者,天都会"出灾害以谴告之"。这样,在董仲舒这里,孟子的"义理之天"成了"意志之天",且具有了主宰人间吉凶赏惩的属性。

宋明时期,儒家"天人合一"思想发展到顶峰,成为社会的主流文化思潮。张载是中国文化史上明确提出"天人合一"命题的第一人。他在《正蒙·诚明》中说:"儒者则因明致诚,因诚致明,故天人合一。"由此出发,凡能体悟到人与人之间、人与物之间有息息相通、血肉相连的内在关系的人,便必然能达到"民吾同胞""物吾与也"的境界。宋代哲人突出强调了天人合一是依靠道德修养和直觉达到的精神境界。所以天人合一不仅包括了人与万物的一体性,还包括了人与人的一体性。

明清之际,"天人合一"的思想式微,明末清初思想家王夫之虽多有"天人合一"之说,但其观点已包含了浓厚的类似西方主客二分的思想。

就理论实质而言,中国传统文化中的"天人合一"思想是关于人与自然的统一问题,充分显示了中国古代思想家对于主客体之间、主观能动性与客观规律性之间关系的辩证思考。但实际上,中国传统的"天人合一"思想,其重点不在说明人与自然的关系,而是重在强调"合一""一体",不注重主客之分,不重视认识论。它只是一般性地为二者间的和谐相处提供了本体论上的根据。而还没有为如何做到人与自然和谐相处找到一种具体途径及其理论依据。

2. 贵和持中

中国传统文化的基本精神还包括了"贵和""持中"的思想。注重和谐，坚持中庸，追求人自身、人与人、天与人的和谐。"中""和"思想在中国文化中占有重要地位，产生了巨大而深远的影响。

"和"的思想在春秋时期就已产生，孔子对"和"给予了很高的评价。他把对待"和"的态度作为区分"小人"与"君子"的标准："君子和而不同，小人同而不和。"老子也提出："道生一，一生二，二生三，三生万物。万物负阴而抱阳，冲气以为和。"他认为阴阳相互作用而构成"和"，这是宇宙万物的本质。在此基础上，先秦思想家们把"和"与"合"结合起来。随着"和合"观念的形成，中国传统文化经由春秋战国的"百家争鸣"，逐渐"和合"形成了儒家和道家两大学派。东汉至隋唐时期，又借助以"和"为贵的精神，接纳并改造了佛教。

与"贵和"思想联系在一起的是"持中"，"和"是中国传统文化所追求的一种状态、一种理想境界。而达到"和"的手段与途径则是"持中"，这个"中"，一是指事物的"度"，是恰如其分，不偏不倚，即"中庸之道，不偏不倚"。儒家极为重视"和"与"中"。"中"与"和"相辅相成，恰当运用，就能达到万事万物的理想状态。所以，守中，不走极端，成为中国人固守的人生信条。

中庸之道被后世儒家进一步概括为世界的普遍规律，成为一种基本的处世之道，由此也就塑造了中国人含蓄、内倾、稳健、老成的独特性格，使得中国人十分注重和谐局面的实现和保持。这对于民族精神的凝聚和扩展，对于统一的多民族政权的维护，无疑起着积极作用。

3. 尊亲崇德

中国幅员辽阔，民族众多，尊亲崇德是维系国家内部各阶层成员和谐关系的主要精神纽带。它有效地把人们固定在家庭、宗族之中，并移孝于忠，使宗法制度把中国政治权力统治与血亲道德制约紧密结合起来。

尊亲的具体要求就是讲孝悌，即"百善孝为先"。孝是"善事父母"；悌指"敬爱兄长"，孝悌之心可以推而广之，由尽孝而尽忠，由敬兄而敬长。在中国封建社会，"孝"不仅是家的核心，同时，"孝"与"忠"紧密联系，高度统一。在维护宗法制度方面，"家"与"国"，"孝"与"忠"看似不同层次、不同概念的两对范畴，却绝对统一起来，绝对一致：因为"家"是"国"的基础，"国"是"家"的延伸。所以，不但要孝敬父母，还要忠于君主。

崇德就是"三不朽"，即立德、立功、立言。中国传统文化中，"德"的内涵十分丰富，如礼义廉耻，忠孝节义，等等。孟子云："富贵不能淫，贫贱不能移，威武不能屈。"道德升华和人格完善必须通过"正心"和"修身"来实现。传为孔子弟子曾参所作的《大学》云："欲治其国者，先齐其家；欲齐其家者，先修其身；欲修其身者，先正其心。"只有做到这些，才能做到"三不朽"。在"三不朽"中，以"立德"最难能可贵，它是中国人的永恒追求，也是成就中国人高尚人格的根本所在。要建功立业，就必须加强道德修养，具备世人推崇的高风亮节。

4. 刚健自强

"刚健自强"作为中国传统文化基本精神之一，是人们处理天人关系和各种人际关系的总原则，是对中国人积极的人生态度的高度理论概括和价值提炼。"自强不息"一词最早出现在距今两千多年以前的《易经》。《易经》说："天行健，君子以自强不息。"这是对自强不息精神的真实写照，君子以此为榜样，要自强不息，努力向上，以便能够与天的这种气质协调一致。这是中华民族延续发展的思想基础。在这种精神的指引下，我们民族历来有艰苦奋斗，不怕任何困难，抗拒外来侵略者，保持民族独立，保持个人人格独立的优良传统，这是中国文化主要的、积极的方面，由此而促进了中国传统文化的持续发展。

"天行健，君子以自强不息"讲的就是天道刚健，周而复始，永无止息。人们应效法天道，自强不息。对此，孔子这样解释：君子"终日乾乾，与时偕行"。也就是提倡人应效法天道，像日月星辰那样奋斗不息、积极进取、刚健运行。自强不息、刚健有为是中国传统文化的基本精神，也是炎黄子孙百折不挠、孜孜奋斗的坚实动力，是中华民族虽屡遭磨难却依然屹立于世界民族之林的重要原因。

自强不息精神包括艰苦奋斗、勤学苦读、励志自强等。孔子积极倡导并实践这种自强不息的精神，他在《论语》中曾经指出："发愤忘食，乐以忘忧，不知老之将至云尔。"孟子说："天将降大任于斯人也，必先苦其心志，劳其筋骨，饿其体肤，空乏其身，行拂乱其所为，所以动心忍性，曾益其所不能。"荀子说："锲而舍之，朽木不折，锲而不舍，金石可镂。"这种自强不息的精神在春秋战国以后得到了发展，成为民族精神的重要组成部分，无论在国家强盛时期，还是在民族处于危难之际，这种自强不息的精神都激发过民族斗志，培养了中国人民自强不息的独特品格。

自强不息、刚健有为作为中华文化的基本精神在两千余年来，深入人心、泽被广远，为包括知识分子和一般民众在内的整个社会成员所接受而普遍化和社会化，激励着中华民族不息奋斗、百折不挠、不断前进。

一方面，这种精神使中国人形成了为理想而不惧艰难、执着奋斗、殉身不惜的坚强和独立的人格。

另一方面，这种精神也演化成了中华民族鲜明而强烈的爱国主义激情、渴望为国家建立功业的奉献情怀和反抗侵略、捍卫主权、维护祖国统一的坚定气概。历史上许多民族英雄以"人生自古谁无死，留取丹心照汗青"的凛然节气，发愤图强、鞠躬尽瘁、死而后已。自强不息、刚健有为作为中国传统文化的主导精神，激励着数以万计的志士仁人为坚持自己的理想而奋斗终生。

自强不息、刚健有为的进取精神使得我们不甘落后、勇于创新，在遇到危难之时，积极探索改革之道。1840年鸦片战争之后，每一个有良知的中国人都在苦苦思索如何找到出路，使国家崛起，摆脱半殖民地半封建社会的命运。从太平天国起义到洋务运动再到戊戌变法、辛亥革命，人们始终没有放弃过探索国家和民族的出路。近代史上戊戌六君子之一的谭嗣同就是其中的重要代表。在百日维新失败后，他多次放弃逃亡求生的机会，毅然赴死，并在慷慨赴刑前写下"望门投止思张俭，忍死须臾待杜根。我自横刀向天笑，去留肝胆两昆仑"的悲壮诗句，永垂青史。很早，我们就有了女娲补天、夸父追日、精卫填海、愚公移山等体现"自强不息、刚健有为"精神的神话故事。在现实生活中，一代代的中华优秀儿女也以此自励，在探求真理、追求理想的过程中，百折不挠、锲而不舍。在《论语》《孟子》中，孔孟为我们讲述了生于忧患、死于安乐的道理，告诉我们要时刻努力，牢记"天将降大任于斯人也，必先苦其心志，劳其筋骨，饿其体肤，空乏其身……"的道理。同时，他们又为我们树立了自强不息、刚健有为的典范。

伟大的思想家、教育家孔子正是遵循了这种精神而奋斗了一生。他一生劳苦奔波，希冀以周礼匡扶乱世，"知其不可为而为之"，结果是"发愤忘食，乐以忘忧，不知老之将至"。他对"饱食终日，无所用心"的人生态度投以蔑视，认为君子应当"食无求饱，居无求安，敏于事而慎于言，就有道而正焉"。儒学的后继者，对"自强""有为"的学说做了进一步的阐释。孟子从人格修养，扩充人性中善的成分这一角度提出"吾善养吾浩然之气"，荀子则从天人关系角度提出"制天命而胜之"的著名论断。

中国传统文化中所具有的这种自强不息、刚健有为的主流精神，一直是中华民族奋发向上、蓬勃发展的动力，它体现在民族发展和人民生活的各个方面。

就民族的进步和发展而言，在民族兴旺发达、昂扬向上的昌盛时期，人们

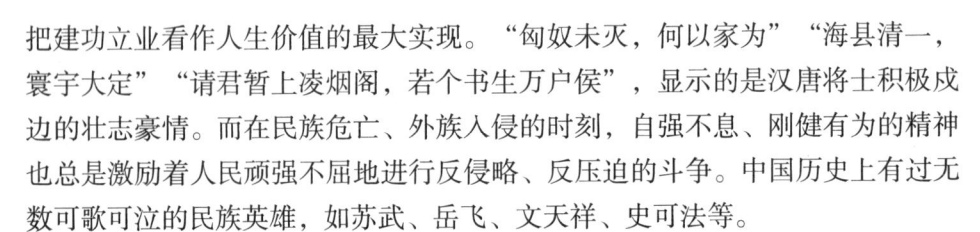

把建功立业看作人生价值的最大实现。"匈奴未灭，何以家为""海县清一，寰宇大定""请君暂上凌烟阁，若个书生万户侯"，显示的是汉唐将士积极戍边的壮志豪情。而在民族危亡、外族入侵的时刻，自强不息、刚健有为的精神也总是激励着人民顽强不屈地进行反侵略、反压迫的斗争。中国历史上有过无数可歌可泣的民族英雄，如苏武、岳飞、文天祥、史可法等。

就个人人格的独立和道德品质的体现而言，自强不息、刚健有为或表现为大丈夫"富贵不淫、贫贱不移、威武不屈"，匡扶正义，不与邪恶势力同流合污，或表现为在人生遭遇的挫折面前奋发图强，决不灰心，坚定不移地追求自己的理想。

自强不息、刚健有为精神还有一个重要的体现，那就是积极否定、革故鼎新的改革精神。中国历史上每当"积弊日久"时，总会有改革的运动发生。北宋时的王安石变法，清末的康梁维新变法，都是这种革新精神的体现。

（四）中国传统文化中的政治思想文化

中国传统文化源远流长，博大精深。在中华大地上，各民族、各地域不同的风俗文化经过数千年的碰撞、交流、融合、沉淀，形成了多元一体的中华文化。党的十八大报告提出文化发展是民族发展的命脉，是国家发展的根本。习近平总书记也指出了文化发展对于我国整体发展所产生的影响。中国传统文化丰富多彩，这里我们主要介绍优秀的政治思想文化。

在丰富多彩的中国传统文化的宝库中，政治思想文化影响深远。大体又可分为以下几方面的内容。

1.儒家的"仁政""德治"

孔子曰"仁者爱人"，"仁"的基本含义就是对他人要尊重和友爱。孔子主张在社会上广泛地推行"仁爱"思想，更希望以"仁爱"思想来安邦治国。孟子将"仁"与"不仁"当作施政的根本，行"仁政"者得天下，失"仁政"者失天下。行"仁政"，就是要求统治者对人民有"仁爱"之心，不能过分地剥削压迫人民；要求各级官吏心中永远装着"民"，从"民"的基本生活出发，为"民"着想。为此，要"为政以德"，即以统治者个人的道德来教化人，使人从内心服从于统治，从而达到大治。这就是"以德治国"。

2.道家的"无为而治"

与儒家积极有为的政治思想不同，道家主张"无为而治"的超越式的政治思想。所谓"无为"并不是真的无为，而是在天道自然无为、人道顺应自然的天人关系中展开的，其手段是因势利导，最终目的还是"无不为"。道家的创始人老子追求的理想社会是"小国寡民"。为实现其理想政治，老子主张"愚民"。"古之善为道者，非以明民，将以愚之。民之难治，以其智多。故以智治国，国之贼；不以智治国，国之福。"

3.墨家的"相爱相利"和"尚贤"

墨家认为理想的政治是"兼爱"天下人，如何爱天下人呢？那就是给天下人以"利"。墨子认为：仁人在位，就要"兴天下之利，除天下之害"，使国强民富，政治清明。

4.法家的"法治"

法家所追求的理想政治是一个"法治"的社会，为了使国家强大有序，他们都主张尚法唯刑，强化法令刑律，并且不论亲疏贵贱，应当"一断于法"。韩非认为，对建立专制主义中央集权政治来说，"法""术""势"三者是必不可少的条件。所谓"法"，指成文的法令；"术"指国君统领臣子的手段；"势"指国君所拥有的至高无上的权威。三者统一于君主专制，能实现稳定的统治。

5.阴阳家的"五德终始"

阴阳家将构成物质世界的金、木、水、火、土这些"小物质"推至广大的宇宙，认为这个世界都是由它们构成的。这一物质世界是变化运动的，其变化运动来自"五行相胜"。齐国阴阳家邹衍进而把这一思想推至人类社会的发展变化之中，来论证历史朝代的更换，形成了"五德终始"的历史观。社会历史变化遵循五行相克的规律，金克木，木克土，土克水，水克火，火克金，依次往复循环进行。

二、中国传统文化对世界文明发展的积极贡献

中国传统文化源远流长、博大精深，是世界上唯一一支没有中断过的重要文化体系。它是世界文明的重要组成部分。当今世界许多领域，诸如政治、经济、文化、社会生活、习俗等，都能找到与中国传统文化有渊源的地方，从中也可以进一步看出中国传统文化对人类社会和世界文明进步所做出的贡献。

（一）思想影响

儒家思想产生于两千多年前的春秋战国时期，作为天人之学、群体和谐之学、忠恕宽人之学、义利调适之学、大同小康之学，大约在一千年前逐渐被东亚与南亚地区的人民接受，成为亚洲文化。后其传播到了西方，对欧洲的思想启蒙运动产生了巨大的影响，成为世界文化的一部分。法国大文豪、著名思想

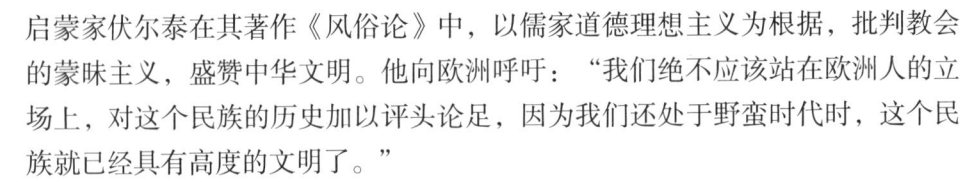

启蒙家伏尔泰在其著作《风俗论》中，以儒家道德理想主义为根据，批判教会的蒙昧主义，盛赞中华文明。他向欧洲呼吁："我们绝不应该站在欧洲人的立场上，对这个民族的历史加以评头论足，因为我们还处于野蛮时代时，这个民族就已经具有高度的文明了。"

（二）典章制度

中国自汉代以来就开始建立文官考选制度，隋唐以后演变为完备的科举制度，其"学而优则仕"的公平性、开放性和流动性，对东亚、东南亚乃至整个世界都产生了深刻影响。在中国使节的协助下，朝鲜于958年照搬唐朝科举制选拔人才；稍后，日本也仿照唐制，实行科举制；越南于1075年仿照中国做法实行科举制，而且是世界上最晚废除科举制的国家。英国1855年试行并于1870年全面推行的文官考试、美国1883年开始采用的文官考试制度，都源于中国科举制度对欧美国家产生的直接或间接的影响。对此，很多西方学者对中国的科举制度都有极高的赞赏和评价。

美国学者柯睿格在《哈佛亚洲研究学报》上发表论文说："以科举考试为核心的中国文官行政制度的创立，是中国对世界的最重要的贡献之一。"美国汉学家卜德说："科举制无疑是中国赠予西方的最珍贵的知识礼物。"《剑桥中国隋唐史》的编者崔瑞德认为，科举制度"为所有西方国家通过考试录用人员的文官考试制度提供了一个遥远的榜样"。

（三）农耕技术

中国是世界上最早的农耕文明的重要发祥地之一。中华农耕文明在长期的发展过程中创造出了高度发达的农耕技术，形成了在世界上无与伦比的农业科技体系。自中国古代保留至今的农书就达300种。如汉代的《氾胜之书》、北魏贾思勰的《齐民要术》、元代王祯的《农书》和明代徐光启的《农政全书》等。国外学者认为，中国早在公元6世纪就已经形成了即使从世界范围看也是最卓越的、杰出的、系统完整的耕作理论。中国农耕文明的发展超过了古代世界上任何一个地区，成为农耕文明的一大典范，对世界农业文明的发展做出了巨大的贡献。

（四）文化艺术

在长期的发展过程中，中国人创造出了许多在世界上都独具特色的文化艺术，如中国文学、书法、绘画、建筑、戏剧、武术、瓷器，以及众多非物质文化遗产。随着中外文化交流的频繁，中国传统文化深深影响了世界文化艺术的发展，受到世界各地人民的好评和青睐。

仅以瓷器为例，就可见中国传统文化艺术对西方国家的影响。"中国"在英语中之所以被称为"China"即瓷器（china），无疑是因为中国瓷器文化在世界产生了巨大的影响。17世纪后叶，中国曾向欧美出口大量的纹章瓷。纹章瓷通常指带有欧洲诸国贵族、军团、公司、团体等特殊标志的，根据特殊需要而大批量制作的中国瓷器。17世纪后期，法国宰相马扎兰按照国王路易十四的命令建立了"中国公司"，在广东订制了大批带有甲胄、军徽、纹章图案的瓷器，他还委托法国商人在江西用景德镇瓷器制造他们夫妻俩的瓷塑像，表现路易十四和夫人身穿中国丝绸做成的中国式服装载歌载舞的情景。此后，纹章瓷便在欧美等地盛行起来。俄国彼得大帝也在中国订造瓷器，直到现在中国的故宫博物院还收藏有康熙年间烧造的有俄国国徽的彩瓷。曾经有许多墨西哥人来我国订制绘有自己家族标志徽记或勋章图案的成套餐具或茶具。至今在墨西哥人中间，仍有不少人保存着这些瓷器，将其作为传世之宝。对于某些国家的皇室贵胄来说，收藏和使用精美的中国瓷器，成为他们追求高雅乃至炫示国力的象征。在菲律宾，拥有中国瓷器的数量往往作为衡量个人财产、社会地位、名誉声望的重要标志。瓷器还被作为金银的等价物在市面上流通，还可以用来当作借贷的抵押品和缴纳法庭罚金的"货币"。瓷器作为一种日用品，特别是作为饮食器皿，在欧、亚、非、美四大洲流传，美化了当地人民的生活，使他们的日常饮食、宫廷宴会具有了一种文明风范，甚至改变了一些民族和国民的生活方式。

（五）科学技术

作为世界四大文明古国之一，中国历史悠久，文化底蕴深厚。中国人民勤劳、聪慧，在漫长的历史长河中，在自然科学和技术领域取得了丰硕成果。古天文学、物理、化学、地学、医药学、建筑学、纺织、陶瓷、造船、水利建设等领域的杰出成就一度居世界前列，四大发明——造纸术、印刷术、指南针、火药更是推动了整个人类文明的进步。

（六）中医中药

中医中药是中华民族的文化瑰宝，是劳动人民在长期同自然灾害、疾病做斗争中不断实践、总结而逐渐形成的一套理论体系和方法。其理论源远流长、独树一帜，具有极高的实用价值和丰富的科学内涵，是我国医药宝库中的重要组成部分，它不仅是中国的优秀文化遗产，还是世界文化遗产。

早在秦汉时期，中医药就传到了朝鲜、日本、越南；公元1至5世纪，中国炼丹术就经阿拉伯国家传到欧洲，中药材大黄远销欧洲；唐代，不少国家派人来中国学习中医药；宋朝时，在与海外50多个国家通商的物品中，就含有大量中药材；1405年至1433年，明成祖派郑和率领庞大的中国船队7次下西洋，输出了大量的药材，如大黄、当归、鹿茸、茯苓、肉桂等；17世纪来华的波兰传教士翻译了中医的脉学著作，并被转译成法文、意大利文，其后，英国名医弗洛伊德也致力于脉学研究；18世纪以来，中医针灸技术在欧洲引起了普遍关注，相继出现了多种著作和研究组织。新中国成立后，中医药对全世界的影响越来越大。20世纪六七十年代，全球性的"针灸热""中医热"遍及各地。进入20世纪80年代，欧美发达国家率先又兴起了"中药热"。各国纷纷派留学生到中国来学习中医药，派使团来华参观、学习、考察。

古往今来的这些事实说明，中医药文化与东西方各国人民有着密切的联系，为维护世界人民的生命健康做出了应有贡献。可以预计，随着世界人民疾病谱的改变，西医药本身存在的弊病将不断显现，中医药还会进一步被世界认同、推广从而发挥更大作用。

第二节　中国传统文化的当代价值

优秀传统文化是中华民族的精神财富，一个国家的强弱主要体现在综合国力上，文化是其精神支柱，是一切建设的基石。当前，社会主义核心价值观是凝聚社会共识的最大公约数，它可以激发人民的爱国主义精神，增强人民的归属感，是推动社会发展的内核动力。

一、国家层面

（一）在当代民族精神中的价值

优秀的传统文化是国家及民族发展的根本，其内容影响着每一个中国人的精神世界以及思维形式。中华优秀传统文化在当代民族精神中的价值体现在以下几个方面。

1. 爱国主义的民族情怀

爱国主义精神作为传统文化的组成部分，在不同历史时期的表现形式存在差异，如民族独立意识、民族忧患意识等都是爱国主义精神的真实写照。在当代社会不断发展的背景下，中华民族在不同时期都需要捍卫爱国主义精神，通过对维护国家独立、尊严的强调，逐步增强人民的爱国主义精神，充分展现民族精神的当代价值。

2. 民为邦本的政治理念

通过对中华优秀传统文化的分析，我们发展民为邦本的思想是较为重要的，例如，孙中山提出的"三民主义"，正是这一思想的真实写照。伴随当今社会的不断发展，为人民服务、以人为本的思想，都充分展现出"民为邦本"的政治理念。

（二）在建设文化强国方面的价值

文化强国的建设主要包括弘扬社会主义核心价值观、社会思想道德建设、培育文化产业等三个方面。

在社会主义核心价值观的培育方面，社会主义核心价值观是对中国优秀传统文化的继承和升华，而优秀传统文化是社会主义核心价值观生长的土壤，因此培育社会主义核心价值观，也是一个弘扬优秀传统文化的过程。培育和践行社会主义核心价值观可以从中华优秀传统文化中汲取营养。例如，在爱国主义教育方面，我国人民自古以来就有"天下兴亡，匹夫有责"的忧患意识，从古代抗倭名将戚继光"一年三百六十日，多是横戈马上行"到近代禁烟英雄林则徐"苟利国家生死以，岂因祸福避趋之"……无不看出中国人民有着强烈的爱国情感，这些故事激励着今天的中国人继续前行。

在社会思想道德建设方面，中国优秀传统文化是重要的资源库。在今天开放的社会中，人们会受到不同价值观的影响，难免产生如拜金主义、消费主义、享乐主义等错误的观念，比起简单的说教，中国优秀传统文化中的相关典故最有说服力。思想道德品质需要从小养成，所以现在对一些国学经典的朗诵和学习，受到了人们的重视。

在文化产业方面，中国优秀传统文化是文化强国构建中的一个丰富的资源库，值得相关人员来挖掘，近年来一批以传统文化为内容的文艺作品进入了大众的视野，受到了人民群众的欢迎和好评。

（三）在社会主义经济建设方面的价值

当今世界正处在大发展大变革大调整时期，文化与经济、政治等相互交融，日益成为重要的战略资源；国与国之间综合国力的激烈竞争，日益聚集于以文化为核心的软实力的竞争。当今时代，中国传统文化以其灿烂的思想精髓和宝贵的文化底蕴，为我们的市场经济建设和文化发展提供了得天独厚的基础。

不同于欧美文化传统"主客二分"的科学实证精神，中国传统文化讲求"天人合一"。将中国传统文化和市场经济结合在一起，恰好弥补了欧美文化影响下市场经济机体的不足，有利于市场经济的逐渐完善。

中国传统文化中的"自强不息"的奋斗精神、"以人为本"的人文思想，以及兵法谋略思想等，都为我们今天的市场经济建设提供了借鉴。市场经济是一种知识经济，市场竞争归根结底是人才的竞争。在现代社会，人才已经成为市场竞争中的关键性因素。优秀人才是企业重要的战略性资源，对企业获取生存空间和发展壮大至关重要。合理运用中国传统文化中的优秀理念，对于有效地提高企业的经济效益、增强市场经济条件下企业的竞争力有重大意义。只有弘扬传统文化中"以人为本"的思想观念，解放思想，尊重人才，才能更好地促进企业的全面、协调、可持续发展。《孙子兵法》的谋略思想、《三国演义》的战略思维，在市场经济竞争中被越来越多的企业家广泛运用，也被众多海外经营管理者奉为至宝。

中国特色社会主义市场经济是一种健康文明的市场经济，弘扬传统文化中的"诚实守信"思想，对促进我国社会主义市场经济良性、健康发展至关重要。一个企业想要在市场竞争中保持自己的生命力和良性运转，首先要诚信。有了诚信经营的态度，才能赢得消费者的青睐和尊重，企业才能不断发展壮大。

传统文化中勤俭节约的优良传统，在社会主义经济建设中依然发挥着积极的作用。弘扬传统文化中的"勤俭节约"精神，首先有助于积累资本，便于扩大再生产，有利于经济的长足发展。中华民族历来崇尚勤俭节约，《尚书》指出"克勤于邦，克俭于家"；《墨子》提出"俭节则昌，淫佚则亡"；《资治通鉴》中也有"取之有度，用之有节，则常足"之说。在发展循环经济、建设资源节约型社会的今天，更应大力弘扬中国优秀传统文化中的勤俭节约美德。鼓励人民高消费，片面地夸大"消费"的经济意义，并不能真正刺激社会需求，促进市场经济良性发展。

表面看来，"勤俭节约""艰苦朴素"的精神与市场经济的发展规律是相冲突的，因为需求量决定生产量，高消费就意味着高需求，高需求就意味着要多产出。实则不然，因为在需求领域中，有的需求属于"消费"，而有的需求属于"浪费"。而"浪费"的破坏作用是隐性的，也是长期而巨大的。这种社会浪费的不断累积，会造成社会需求配置的不合理，反过来又会影响社会经济产业的配置，结果将会导致整个经济生产结构混乱甚至崩溃。所以，我们必须建立勤俭节约的科学消费观，只有这样，才能促进社会主义市场经济良性发展。因为不均衡的消费结构，不但会导致社会资源的极大浪费，同时，更会腐蚀人的思想，正如古语"成由勤俭破由奢"所呈现的一样。所以，大力倡导节俭型经济，反而更能促进市场经济的更好更快发展。

亚洲几个遵循这种经济发展模式的国家取得了很大成就，比如，日本、韩国和新加坡，高收入—高储蓄—高积累—高投资的做法保证了他们投资与消费的良性循环；而在时常陷入经济危机的西欧国家的经济体制中，则是把高收入—低储蓄—高消费—高投资作为拉动经济的重要手段。可见，提倡勤俭节约，保持社会消费均衡，才能更好地维持经济投入和再生产的良性循环，才能促进社会经济均衡、稳定地发展。

要强调人与自然的和谐，发展经济不能以破坏环境为代价，应尊重自然规律，以实现全面、协调、可持续发展。此外，人际关系的和谐有利于提高生产效率，增加企业的利润，消除一定的社会矛盾，能为经济发展提供稳定的社会环境，因此，人与人之间的和谐是一种无形的财富。

伴随着我国市场经济体制的不断发展和完善，各行业的竞争日益激烈，企业在注重提高自身生产力的同时，也要注意解决员工之间产生的各种矛盾问题，努力促成一种和谐的人际关系，促进员工的全面发展。因此，和谐发展、合作共赢是发展社会主义市场经济的重要原则。

（四）在构建社会主义核心价值体系方面的价值

党的十六届六中全会把马克思主义指导思想、中国特色社会主义共同理想、以爱国主义为核心的民族精神、以改革创新为核心的时代精神和社会主义荣辱观等四个方面，作为社会主义和谐社会的核心价值体系。如果我们仔细分析社会主义核心价值体系的深刻内涵，不难发现，中国传统文化的许多积极因素，在社会主义核心价值体系的构建过程中，发挥着举足轻重的作用。社会主义核心价值体系与中国优秀传统文化，是紧密联系的。中国优秀传统文化为社会主义核心价值体系提供了思想根源，社会主义核心价值体系是对优秀传统文化的继承与超越。正因为融入了优秀传统文化，社会主义核心价值体系，才在中华大地上枝繁叶茂。

1. 关于社会主义荣辱观

荣辱观，是人们对荣誉和耻辱的根本看法和态度。一个人要形成正确的价值判断，一个社会要形成良好的道德风尚，必得分清荣辱是非，明辨美丑善恶。以"八荣八耻"为主要内容的社会主义荣辱观，是社会主义核心价值体系的基础，它为我们规定了基本道德规范和行为准则。中华民族是礼仪之邦。基于中国传统文化中的"以德治国"思想和"明礼知耻"文化传统，中国共产党在继承和创新的过程中提出了社会主义荣辱观。

中国传统文化非常看重个人的思想道德修养，对于是非、善恶、美丑的界限有着清楚的划分。"三军可夺帅也，匹夫不可夺志也""贫贱不能移，富贵不能淫，威武不能屈"的道德品质历来为中华民族所推崇。中国人在处理人际关系上主张"谦恭礼让"。孔子提出，"躬自厚而薄责于人""君子成人之美，不成人之恶"；春秋时期，管仲提出"仓廪实而知礼节，衣食足则知荣辱"。他在《管子·牧民》中指出："国有四维，一维绝则倾，二维绝则危，三维绝则覆，四维绝则灭……何谓四维？一曰礼，二曰义，三曰廉，四曰耻。"他认为"礼、义、廉、耻"有着重要的作用，把荣辱观念同物质生活水平联系在一起，说明了文化生活同经济发展之间存在着密切联系。这些知荣晓辱的道德格言，成为人们约束自身行为的道德准则。

这些道德格言所反映的荣辱观虽然具有历史局限性，但是，经过扬弃，在今天仍然能够帮助人们提高道德素质，同时对维护社会稳定具有积极的作用。在今天，弘扬中国传统文化，对加强社会主义道德建设，具有重大的意义。社会主义荣辱观把个人的道德修与社会的道德诉求结合起来，使个体在社会生活中有所为、有所不为，因此，我们应坚持正确的价值取向，自觉抵制腐朽文化。

2. 关于马克思主义指导思想

坚持马克思主义指导思想与中国传统文化的发展相结合，意义重大。从革命时期到建设时期，马克思主义中国化的过程中形成了毛泽东思想、邓小平理论、"三个代表"重要思想和科学发展观。这些思想、理论无不以深厚的传统文化为根基。中国传统文化在毛泽东思想的形成过程中体现得尤为充分。毛泽东思想中提到的群众路线，以及共产党的根本宗旨——为人民服务，都是对中国传统文化"民本"思想的最好概括。

民本思想是中国传统文化宝库中的珍贵思想资源，我们可以在大禹的"民惟邦本，本固邦宁"思想，周公"以德配天，敬德保民"的思想，以及孟子的"民贵君轻"等思想中找到民本思想的影子。毛泽东对于游击战争的军事思想，借鉴了《孙子兵法》和古代农民战争的经验；其朴素求实的学风，实事求是的理论，可以在"知行合一"中找到来源等。在毛泽东思想基础上发展而成的邓小平理论，基于"实事求是"和"革故鼎新"的思想，摆脱了"两个凡是"的个人崇拜思想的严重束缚，解放了思想，开创了新中国改革开放和社会主义现代化建设的新局面。江泽民也十分重视传统文化，他强调，世界各国都有权选择符合本国国情的社会制度、发展战略，这体现了传统文化中的"和而不同"和"兼爱非攻"的思想。在"三个代表"重要思想里，要求中国共产党要始终代表中国先进生产力的发展要求，始终代表中国先进文化的前进方向，始终代表中国最广大人民的根本利益。它体现了对中国传统文化重要性的肯定，表明了中国共产党与中国先进文化的关系。

基于"贵和持中"思想，中国共产党提出了建设和谐社会的重要战略任务，是马克思主义中国化的又一重大探索，极大地发展了马克思主义关于科学社会主义的理论。在新形势下，面对意识形态相互渗透的复杂形势，我们唯有不断推进社会主义核心价值体系建设，用发展着的马克思主义统领多样化的价值观念、社会思潮和文化追求，才能不断增强社会主义意识形态的吸引力、凝聚力和渗透力，使社会主义的旗帜高高飘扬。

3. 关于中国特色社会主义共同理想

"中国特色社会主义共同理想是社会主义核心价值体系的重要组成部分，坚持中国特色社会主义共同理想，就是要坚持中国共产党的领导，坚持走中国特色社会主义道路，坚持实现全面建设小康社会和构建和谐社会的伟大目标。"坚持中国特色社会主义共同理想，必须同时兼顾个人利益与国家利益，把个人的发展追求与社会主义的共同理想统一起来，把个人的发展与全面建设小康社会统一起来。中国传统文化强调个人应该融入集体之中，个人的发展追求应该与社会的发展相协调。中国特色社会主义共同理想的主要内容，说到底，是传统文化中的"民本"思想与"大同"思想在社会主义新时代的体现与升华。

民本思想是中国优秀传统文化宝库中重要的思想资源。从商周时代，我们就能看到古代民本思想的广泛影响力。如《尚书》主张"民惟邦本，本固邦宁"；孟子主张"民为贵，社稷次之，君为轻"；《荀子》的"君舟民水"思想等。

马克思主义传入中国以后，中国共产党将理论与实践相结合，更好地完善和拓展了这一理论，肯定了人民群众才是历史的真正创造者，肯定了人民群众当家做主的能力，让"民本思想"在社会主义新中国真正焕发出了光辉。"大同"思想更是中国传统文化的精髓，孔子提出"天下为公……老有所终，壮有所用，幼有所长，鳏、寡、孤、独、废疾者皆有所养，男有分，女有归……是谓大同"；传统文化的创始人老子也描绘出一幅人人"甘其食，美其服，安其居，乐其俗"的理想社会蓝图；东晋著名文学家陶渊明勾勒出一处"良田美池、男耕女织、黄发垂髫、怡然自乐"的与世隔绝的桃花源，在一个

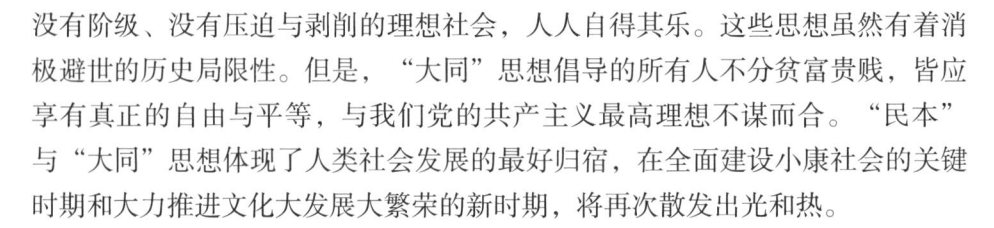

没有阶级、没有压迫与剥削的理想社会，人人自得其乐。这些思想虽然有着消极避世的历史局限性。但是，"大同"思想倡导的所有人不分贫富贵贱，皆应享有真正的自由与平等，与我们党的共产主义最高理想不谋而合。"民本"与"大同"思想体现了人类社会发展的最好归宿，在全面建设小康社会的关键时期和大力推进文化大发展大繁荣的新时期，将再次散发出光和热。

二、社会层面

（一）在现代化文化事业发展方面的价值

大力发展文化事业是我国实现文化大繁荣的前提，文化产业的多寡、文化事业的规模，在很大程度上能够反映出社会的文化发展水平，发展文化事业是提升国家文化软实力的重要保障。文化事业的建设，必须能够满足广大群众的客观需求，并且与当前社会主义市场经济相适应。那么如何能够找到广大群众乐于接受的文化？中华优秀传统文化经历了几千年的沉淀，凝聚了中国智慧，具有较为坚实的群众基础，是中国老百姓最容易接受的文化类型。很多传统的风俗习惯都在无时无刻地指导着各地区的文化产业发展。例如，东北二人转、天津相声等，都是依托当地的优秀传统文化发展起来的。经济全球化发展中，国际的竞争很多时候体现在文化软实力方面，只有不断创新中华优秀传统文化，才能抵御外来文化的渗透。

当前世界各国都将民族文化和先进技术结合起来，在世界上进行大肆的传播，包括韩国游戏文化、日本漫画文化，将世界带入了文化产业井喷式发展新时期。中国也必须将优秀传统文化与高科技相结合，不断创建属于自身的文化品牌。

（二）在构建社会主义和谐社会方面的价值

在建设中国特色社会主义的道路上，我们党充分弘扬了中国优秀传统文化中的"和"文化。这充分体现在改革开放以来国家颁布的政策方针上。

例如，"以公有制为主体，多种所有制并存"的经济体制；"一党领导、多党合作、一党执政、多党参政"的执政方针；"长期共存、互相监督、肝胆相照、荣辱与共"的多党合作和政治协商的基本方针；等等。

当然，弘扬"和"文化，不是复兴国学，而是弘扬国学；不是复古，而是古为今用。"和谐"不是文化的分类，它作为一种思想渗透在了文化当中，蕴含了互利互惠、共同发展的价值取向。我们可以轻易在中国找到饱含和谐思想的文明痕迹。《尚书》中记载"百姓昭明，协和万邦"；《孟子》提出"老吾老以及人之老，幼吾幼以及人之幼"。故宫的核心建筑太和殿、中和殿与保和殿三大殿也昭示着"和"的内蕴。"太和"，是天地之和，指人与自然的和谐；"中和"，是中庸之道，指人际关系的和谐；"保和"，指通过个人的修身养性来达到身心的和谐。中国传统文化的"和谐"思想贯穿了整个中华民族的发展史，"和"文化是中国传统文化的精髓。

构建和谐社会，经济是基础，政治是保障，文化是灵魂。当今世界，综合国力的竞争愈演愈烈。虽然和平发展是主题，但是，强权政治、霸权主义仍然存在，世界很不安宁。

总之，世界复杂，问题甚多。法国政治家拉法兰说，当今世界危机四伏，恐怖主义肆行，能够挽救世界的，正是中国这种古老的"和"文化。中国倡导和谐发展，对内构建和谐社会、对外倡导和谐世界，这种愿望和努力得到了全世界人民的赞赏，顺乎时代潮流。大力弘扬"和"文化，有助于协调社会关系，化解社会矛盾，维护社会稳定，有助于构建社会主义和谐社会，有助于建设中国特色社会主义，更有助于维持世界的和平与稳定。

三、世界层面

中华优秀传统文化既属于中国，又属于世界；既具有中国价值，又具有世界价值。一方面，当今世界人类面临许多突出难题，如地区发展不平衡、局部战争不断、恐怖主义肆虐、生态环境恶化等，严重威胁着世界的和平与稳定，中华优秀传统文化有助于解决这些问题。另一方面，中华优秀传统文化富有民族特色，具有无穷魅力，是人类文化的优秀部分，能给世界其他国家的人民带来精神上的享受。

（一）以和为贵的发展理念

在如何实现发展的问题上，世界历史上产生过两种相反的发展理念："争"的发展理念与"和"的发展理念。历史上，许多国家和民族通过"争"的方式实现富强，特别是15世纪以来，一些西方国家通过掠夺、战争的方式谋求国家发展，给人类带来了深重灾难，中国也曾深受其害。当今世界，局部战争不断，地区冲突频发，爆发世界大战的可能仍在，其根源是一些国家和民族存在根深蒂固的"争"的发展理念。同时，人与人之"争"，人与自然之"争"，导致个人主义恶性膨胀、生态环境严重破坏。

与"争"的发展理念相反，中国古人主要选择了以和为贵的发展理念。《论语》中说："礼之用，和为贵。先王之道，斯为美，小大由之。"《周礼》也说："以和邦国，以统百官，以谐万民。""和"在中华优秀传统文化中占有重要地位。以和为贵的发展理念包括两个方面。一是对内追求和谐发展，包括追求人与自身和谐、人与人和谐、人与社会和谐及人与自然和谐。中国古人强调："和也者，天下之达道也。致中和，天地位焉，万物育焉。""不违农时，谷不可胜食也；数罟不入洿池，鱼鳖不可胜食也；斧斤以时入山林，材木不可胜用也。"这些都可以反映出中国古人追求和谐的思想。二是对外追求和平发展。中国古代在谋求国家发展、处理国际关系时主张采取和平方式。中国古人认为"以力服人者，非心服也，力不赡也；以德服人者，中心悦而诚服也"，提倡"远人不服，则修文德以来之"。汉唐通过"和亲"加强与邻邦的友好关系，明代郑和七下西洋对沿途国家秋毫无犯，都充分说明了中华民族持以和为贵的发展理念。

中国以和为贵的发展理念得到了世界一些著名学者的认可和重视。英国哲学家罗素认为，"欧洲人的生活方式要求奋斗、掠夺，中国人发现的并且已经实践了数个世纪之久的一种生活方式，如果能够被全世界所接受，则将使全世界人民得到幸福"。1988年全球75位诺贝尔奖获得者在法国巴黎发表宣言："如果人类要在21世纪生存下去，必须回到2500年前去汲取孔子的智慧。"当今世界科学技术越来越发达，武器装备也越来越先进，战争人类已承受不起，中国以和为贵的发展理念正是解决冲突、消除战火、预防战争的思想良方。

（二）公平正义的价值追求

西方有句名言："没有永远的朋友，只有永恒的利益。"这句话被西方人奉为处理人际关系、国际关系的主臬。历史学家司马迁说．"利诚乱之始也。"唯利是图的价值追求，是人类历史上许多问题产生的重要根源。当今世界，诸如恐怖主义泛滥、贫富不均、生态破坏等问题，都可以视为唯利是图价值追求的结果。要解决这些难题，必须转变唯利是图的价值追求。中华优秀传统文化中公平正义的价值追求，正确处理了"利益"与"公平""正义"之间的关系，能给解决当前许多人类难题以重要启发。

在追求正义方面，中华民族表现出先义后利、义利兼顾的价值取向。一是反对见利忘义。孔子说："不义而富且贵，于我如浮云。"荀子说："先义而后利者荣，先利而后义者辱。"二人都反对见利忘义，主张见利思义。二是主张以义为利。《左传》上说："义，利之本也。"《大学》也指出："国不以利为利，以义为利也。"它们把"义"看作最大的"利"，最根本的"利"。三是提倡义利兼顾。清代颜元批评"义"与"利"分裂对立的偏见，提出了"正其谊不谋其利，明其道不计其功"命题，将"义"与"利"有机统一起来。

在追求公平方面，中华民族主张公而不私、正而不偏。中国古代对"公"和"正"非常重视，甚至把它们上升到关系国家兴亡的高度。关于"公"，荀子说："公生明，偏生暗。"苏轼说："治国莫先于公。"程颢、程颐也强调："一心可以丧邦，一心可以兴邦，只在公私之间尔。"关于"正"，孔子说："政者，正也。""其身正，不令而行；其身不正，虽令不从。"孟子也说："行有不得者，皆反求诸己，其身正而天下归之。"中国古代对"公正"的追求，鲜明体现在"大同"社会理想中。《礼记·礼运》记载："大道之行也，天下为公，选贤与能，讲信修睦。故人不独亲其亲，不独子其子，使老有所终，壮有所用，幼有所长，鳏、寡、孤、独、废疾者皆有所养。""大同"社会是一个百姓丰衣足食、安居乐业的社会，更是一个人人平等、充满公平正义的社会。

追求公平正义并不否定利益，而是正当处理"公平"与"利益""正义"与"利益"之间的关系，从而"兴天下之利，除天下之害"。近年来，在处理国际关系问题上，习近平多次强调要践行"正确义利观"，指出："要找到利益的共同点和交汇点，坚持正确义利观，有原则、讲情谊、讲道义，多向发展中国家提供力所能及的帮助。""中国坚持国家不分大小、强弱、贫富，一律平等，秉持公道、伸张正义，反对以大欺小、以强凌弱、以富压贫。""正确义利观"正是中华优秀传统文化中的重要内容，对当代人类正确处理"义"与"利"的关系，解决人类难题都具有重要的启示意义。

第三节　中国传统文化与德育的逻辑联系和理论契合

一、中国传统文化与德育的逻辑联系

中华民族在长期的历史实践中创造出来的优秀传统文化是中国特色社会主义文化的重要源泉。习近平新时代中国特色社会主义思想强调要坚持中国特色社会主义文化发展道路，激发全民族创新创造活力，努力建设社会主义文化强国。推动中华优秀传统文化的创造性转化，将其中孕育的文化精髓为时代所用是当前学校德育工作的重要课题。

中华优秀传统文化具有兼容并包的强大生命力，在历史发展的进程中，中华文化不断吸收外来优秀文化，博采众长，逐步形成了"美美与共"的和谐氛围。文化说到底就是"以文化人、以文育人"，实现个体从自然人到社会人的

转变。德育的根本目的也在于实现人性的"回归",同时道德本身就是一种文化的外显,从这个意义上讲文化与德育具有内在的逻辑联系。

(一)德育价值内化于传统文化之中

广义上的德育主要包括道德教育、政治教育、思想教育、心理教育、法制教育这几个方面,而狭义上的德育仅指道德教育,在此取德育的广义内涵。中华优秀传统文化巨大的包容性铸就了其丰富的内涵,能为德育资源的拓展提供一定的借鉴与启示。

儒家文化作为中华优秀传统文化的重要组成部分,是传统德育学说的主干。儒学作为延续了几千年的主流文化,其中所蕴含的价值观念、伦理道德至今仍有重要的影响。

比如,"仁"是儒家思想的核心,主张"己所不欲,勿施于人""推己及人"的仁爱精神,提倡"修身齐家治国平天下"的家国情怀,这些对于当今德育内容的丰富与德育方法的创新具有重要的借鉴意义。

(二)德育具有内在的文化属性

德育是促进个体道德自主建构的价值引导活动。因此,从某种意义上讲,德育不仅仅指一种由外而内向德育对象施加影响的过程,同时也是个体自身自觉地进行价值建构的一种方式,是外因与内因共同作用的结果。

德育涵盖道德观念、行为规范、伦理准则等意识层面的教育,从而指导具体的行为实践。我们通常所说的文化概念内涵非常广泛,凡是有人类活动烙印的物质载体或精神产品都可称为文化,而狭义上的文化一般是指精神产品。由此看来,文化具有宽泛的外延,其中包括着德育的范畴。

文化的一个重要作用便是"化人",使人成为"文明人",而这一目的也正是德育的最终目的,由此而言,德育具有内在的文化属性。同时,德育不仅能实现文化的传承,而且能约束人的行为,使其能够适应社会发展的需要。德育的这种功能可以进一步增进德育对象的文化认同,对于文化的传播与发展具有一定的导引作用,从而达到文化自觉与文化自信的效果。

优秀传统文化用历史神韵和文明智慧引导大学生远离低俗文化,树立正确的国家观、民族观、历史观及文化观。

习近平总书记强调:"我们要讲清楚中华优秀传统文化的历史渊源、发展脉络、基本走向,讲清楚中华文化的价值理念、鲜明特色,增强文化自信和价值观自信。"我们的优秀传统文化寓意深邃,透射着"修身、齐家、治国、平天下"的价值理念，作为精神追求和精神标志经久不息地传递下来，深入人们的思想与骨髓。

特别是"保家卫国""济世安民"的爱国之志，仍是我国传统文化中最为宝贵和闪亮的精神大旗。这种家国情怀绵绵不断、生生不息、岿然不动、永不衰竭，无疑是当代大学生树立人生理想和信念、勇担使命和责任，为实现中华民族伟大复兴而矢志奋斗的力量源泉。

中华优秀传统文化是中华民族的文化根源，它形成于人类社会发展的历史长河中，以"血缘、亲缘、地缘"的纽带传播道德风尚，实现了传统美德、优秀文化在海内外的"创造性转化、创新性发展"。

通过对传统文化的继承，发展出适合当代价值的文化精神、价值观念和思维方式，培育道德时空的"集体记忆"，不仅能为抵御外来文化的冲击、维护国家文化安全提供保障，而且也能为大学生社会主义核心价值观教育提供最基础、最真实的生活情景和社会氛围。

二、中国传统文化与德育的理论契合

从总体上看，在价值目标、精神内核、教育方式、社会理想等方面，传统文化与德育具有内在的理论一致性。

（一）价值目标

在价值追求上，二者都包含着厚重的"德性"成分，都以培养和塑造个体的理想人格为价值目标。中国传统文化从价值角度看，"被称为'圣人文化'，即每个人既是家族或群体中的一员，同时又有个体人格和价值追求，并以成圣成贤为最终目的"。中国传统文化追求的理想人格是"君子"。这是融合了儒、墨、道、法、佛等思想流派的人生哲学和道德理念的理想人格。其中，又以儒家"内圣外王"的理想人格为根基，以成圣成贤的人格追求为主导。

德育同样以培养和塑造完美的道德人格为价值目标，它对理想人格的追求是"至善"。这一"至善"人格，一方面使人对自身的行为进行约束，另一方面使人感受到了遵守道德规范后的快感和满足。它的鲜明体现就是"杀身成仁""舍身取义"和"富贵不淫、贫贱不移、威武不屈"。传统文化与德育的价值目标虽然各有侧重，但两者存在学理上的共性是不容置疑的。

（二）精神内核

在精神内核上，二者都包含着丰富的人文主义传统。中国传统社会是一个充满人文关怀的社会，中国传统文化也有着人文主义的精神内核。这种人文主义实质上是一种道德人本主义，它强调的是一种道德情感和道德关怀，是传统文化内在的基本精神。具体而言，有天人之辩中明确的天人合一思想，《正蒙·乾称》中张载提道："儒者则因明致诚，因诚致明，故天人合一，致学而可以成圣，得天而未始遗人。"有人神之辩中坚定的人文主义立场，《论语·雍也》中孔子教导弟子："务民之义，敬鬼神而远之，可谓知矣。"有和同之辩中传统的贵和持中精神，《论语·子路》中孔子说："君子和而不同，小人同而不和。"还有人生之辩中刚健有为、自强不息的思想，《易传》有云："天行健，君子以自强不息。"而德育作为一种育人的活动，同样强调受教育者的主体地位，注重对受教育者的人文关怀，体现出一种鲜明的人文主义精神。这种人文主义精神更多体现在德育过程中，尊重思想品德形成和受教育者身心发展的客观规律，注重情感转化和心理疏导。

德育所要培养的思想品德从内容上包括道德品质、政治品质、思想品质和个性心理品质，从心理上看，每种品质又都包含知、情、意、行等心理因素，只有各种品质和心理因素协调发展，德育才能真正实现育人的目的。其中，人文主义和人文关怀的精神在各种品质和因素协调发展中也起着润滑剂的重要作用。这种人文关怀的精神与传统文化强调的道德人本主义精神在内容上无疑是相互照应和相互联系的。

（三）教育方式

对于教学方式，两者注重理论与实践的统一，突出显性与隐性相结合。中国传统文化源远流长，经过几千年的发展在教育方式上积累了丰富的理论和经验，中国传统文化的发展史，就是一部中国古代道德教育史。中国传统文化强调知行合一，在知行关系上注重身心健康。知行关系在《贞观政要·慎终》中已有提及："非知之难，行之惟难。"孔子还一贯强调"敏于行而慎于言""讷于言而敏于行"，一直到朱熹的"知行合一"说，都在强调理论与实践的统一。这一教育方式在道德教育方面表现得更为明显。德育既强调理论学习，又注重实践锻炼。

此外，在显性和隐性的结合上，二者也有着异曲同工之处。中国传统文化在隐性教育方面有着诸多方法，诸如礼乐结合、环境陶冶等，无不体现寓教于无形的特点。在显性教育上，传统文化中注重教育灌输、循序渐进、因材施教、启发诱导和践履笃行等方法。而德育历来都注重显性和隐性的结合。德育运用的寓教于行、寓教于境、寓教于情和寓教于管等教育方式鲜明体现了隐性教育的特点。而德育通过有形的工具和手段进行的诸如理论教育和实践教育等则是显性教育的体现。这些诸多的教育方式和途径，反映出的不仅是传统文化和德育之间的互通有无，更显现出从古至今育人方式的精彩纷呈。

（四）社会理想

从社会理想看，两者都追求建设和谐社会的终极理想。大同世界是儒家社会政治理想的体现，即人人平等、相亲相爱、诚实无私、各得其所，整个社会呈现出一种和谐的状态。这一设想，尽管在当时的社会条件下是不现实的，但赋予了人们争取社会进步的精神力量，对现代社会的德育也具有积极意义。同时，现代德育通过公民意识和公民素质的培养，努力创造一个公民社会。公民社会是相对于臣民社会而言的，其具有典型的公益性质，整个社会都有共同的利益、目的和价值追求，人们自觉遵守公共秩序，整个社会处于一种和谐、友好、互利、互助的状态。

此时此刻，尽管公民社会的建设任重道远，但也反映了现代人们对未来社会的美好憧憬，也激发了人们对理想社会的不懈追求。显然，这些对理想社会的美好追求，不仅证实了传统文化与德育的内在契合，而且也反映了古代人们对理想社会的追求。

第三章　大学生道德现状与高校德育困境

随着改革开放后国门的打开，多元的文化不断涌入国民的视野，经济的高速发展深刻影响着人们的生活状态和价值观念。在社会转型的过程中，大学生在道德人格层面产生了不同程度的偏差，出现了一系列如考试作弊、失恋自残、投毒报复等令人忧心的问题，既危害了大学生的身心健康，又不利于社会的稳定发展。如何改变大学生的道德现状，帮助大学生塑造良好的道德品格，值得我们深思。本章分为大学生道德现状分析和高校德育的现实困境两部分。主要内容包括：大学生学习道德现状分析、大学生诚信道德现状分析、大学生公民道德现状分析、大学生网络道德素养现状分析等方面。

第一节　大学生道德现状分析

一、大学生学习道德现状分析

学习是每个在校学生的本职工作，学生通过刻苦努力完成学业是天经地义的事，然而，部分大学生在学习过程中出现的种种失范行为令人十分头疼，主要表现为学生学习动力不足、学习策略不当、学习态度不端正、学习动机功利化。其中，课堂违纪现象、学术不端现象、考试作弊现象屡见不鲜。

（一）课堂违纪现象

课堂是大学生进行学习活动的主要场所，是师生之间知识交流的首要场所，是学生完成社会化的重要课堂。然而目前，部分大学生缺乏时间观念，经常上课迟到或干脆旷课，迟到的学生也大摇大摆地走进教室，他们自认为比起那些旷课的人自己能来上课已经表现得"很好"了。而即使到了课堂上，依然还有部分学生并未真正参与到课堂中去。他们人在教室这个学习的环境中，做的却是睡觉、吃东西、聊天、打游戏、看视频等与课堂学习无关的活动。

大学生课堂学习行为失范的严重程度据此可见一斑。而在课堂管理方面，教师由于课堂管理意识与技能不足，在面对学生的上述行为时往往束手无策。师生较少沟通，答疑和课堂练习不足，学生巩固知识、复习知识的机会甚少，这也在很大程度上促成了学生课堂违规行为的产生。

（二）学术不端现象

社会的不断前进离不开科学的创新发展，而科学要取得突破就必须要依靠一代又一代科研学者的不竭奋斗。大学生作为开展科研工作的后备力量，除了具有增加其知识储备的任务，同时还负有承担科学研究的使命。探索精神与创新精神是开展科研工作必不可少的，这使得各个高校都十分重视对学生探索能力、创新能力的培养，为学生提供了诸多不同类别、不同级别的科研项目。

然而，大学生在完成这些科研项目或其他学术论文的过程中出现了不同程度的学术不端行为，刘春明将其概括为以下三种表现形式：抄袭与剽窃、捏造与篡改以及重复发表，此外，代写、代投、转让等论文交易行为也在大学生的学习科研过程中不同程度地存在着。科学研究往往需要站在前人的肩膀上，这就要求大学生必须具备一定量的知识储备，深入了解并钻研所研究的领域。这就使得一些平时对相关知识储备不足的大学生，为了完成课程论文或科研项目乃至毕业论文，不通过查找文献、深入研究等合理方法去丰富自己的论文内容，而选择或直接抄袭或转换说法等手段将他人的学术成果用于自己的论文中。有的将自己准备发表的论文一稿多投，认为自己只要没有一稿多发就没有违反学术道德规范。或出于"同窗情谊"将并未参与该论文研究的同学挂名至其论文作者名单中，或有些同学想通过发表论文、参与课题争取奖学金，却因学术研究水平较低，选择了花钱将那些毫无学术价值的"成果"发表在同样不具有学术研究价值的期刊网站上。还有同学则是在完成自己学位论文的过程中，将往届与自己选题相似论文的实验数据、核心观点甚至全文稍做修改就当作自己的。

以上这些现象多见于主体了解相关规范，虽然知道自己的做法有违纪律，但出于各种原因选择了"挺而走险"，属于明知故犯型。而还有些学生则由于缺乏对有关学术规范的了解，出现了对其论文中引用的内容不做正确的注释，或对某些引言的出处不加以核对而随意注释、虚构参考文献的现象。求真务实四个字可以说是科学研究的核心精神，背离了真、实二字的研究完全脱离了科学研究的本质，作为一个肩负国家建设、文化传承使命的大学生，应当将"真""实"二字永远镌刻在自己的生命里。

（三）考试作弊现象

考试是对学生阶段性学习成果的检验，能反映学生学习内容和方法的不足，以便师生调整各自的教、学方法，查漏补缺。大学生最常用的考试作弊方式有：在考试过程中抄袭他人试题答案，携带与考试内容相关的纸张材料，通过手机等电子设备获取试题答案，购买"枪手"代替自己参加考试等。

许多学生到大学时仍然把应试作为其基本的学习策略，仅把学习划定为对学校安排的课程的掌握，表现为一方面很重视考试的分数，另一方面并未将学习作为自己上大学的主要任务，常常是根据教师设定的考试范围来"迎接"考试。

另外，一旦有学生通过不正当的作弊方式通过了考试，甚至获得了额外的荣誉和奖赏，这必然会使认真学习的同学产生一种强烈的不平衡感，并使他们对自己行为的合理性产生怀疑。所以，如果不重视和解决考试作弊问题，就有可能在大学生群体中滋生一种不劳而获的歪风邪气，使原本刻苦努力的学生心理不平衡，进而推翻原有的学习态度与方式加入失范阵营。

从上述对大学生道德学习失范表现的分析不难看出，学生们虽普遍认识到自己的各种失范行为是不对的，但是他们还是选择了违反规则的行为，明知不可为而为之，不可不谓之"明知故犯"，属严重的知行背离现象。

二、大学生诚信道德现状分析

（一）大学生诚信道德的积极表现

1. 大学生具备基本的明辨是非的能力

虽然当代大学生的诚信道德现状还存在一些问题，但当大学生面对他人的诚信失范行为时，具备较强的明辨是非的能力。在面对失信问题时当代大学生可以做出正确的诚信道德选择，多数大学生愿意通过自己的积极行动劝说他人改正行为。这反映出当代大学生思想端正，在面对诚信缺失问题时能够做出正确的判断，拥有正确的诚信态度和诚信情感。

2. 大学生对自身诚信道德评价较高

虽然当前大学生的诚信道德状况还存在一些问题，但大学生的总体诚信状况是优良的，这既为我们在新时代开展大学生诚信道德教育提供了优良的基础，也为我们带来了新的挑战。如何扫除部分大学生的失信问题，找出他们出现问题的原因并加以解决，就成了研究的重点之一。

3. 大学生对诚信道德价值的认同度较高

诚信道德作为重要的社会道德规范，无论是对个人的立身处世还是对社会的和谐稳定都具有重要价值。绝大部分大学生能够认识到诚信道德对于个人和社会的重要性，对诚信道德的价值表示认同。

第一，大学生认为诚信道德对个人具有重要价值。大学生对诚信道德的认识很到位。大学生认为，诚信是与他人相处的重要前提。一个人是否拥有诚信品德不仅会影响个人的成长，同时也会影响个人交往状况。

第二，大学生认为诚信道德对于社会同样具有重要价值。在社会主义诚信道德观的影响下，当代大学生对诚信道德的社会价值认识明确，当代大学生能清楚地认识到诚信道德对于社会和谐发展的重要意义。由此可以看出，新时代诚信道德的价值受到当代大学生的肯定。

（二）大学生诚信道德存在的问题

当前，虽然大学生总体诚信道德水平偏高，但大学生仍然存在许多诚信道德问题，在面对选择时仍有部分大学生会做出错误的诚信道德选择，这仍然值得我们关注。

1. 在利益面前坚守诚信道德的意志较弱

大学生诚信道德要求大学生要树立坚定的信念，在利益诱惑面前仍然能够坚守诚信道德底线，忠诚守信、坚守诺言。而在对大学生诚信道德现状进行调查后发现，大学生坚守诚信道德的定力不足。当大学生面对利益诱惑时，往往会有所动摇，甚至违背自己的诚信道德认知，放任自己做出诚信道德失范行为。

除此之外，当前大学生做出的较多诚信道德失范行为都与大学生的切身利益相关。如大学生为了在求职过程中获得心仪的工作而去伪造成绩、证书；为了获得奖学金而采用考试作弊的方式取得好成绩；为了满足自己的欲望选择向他人或其他平台借钱而逾期不归还等。如上几种行为，都表明大学生坚守诚信的立场不够坚定、经受不住利益的诱惑，还没有形成坚定的诚信道德信仰。

2. 在困难面前坚守诚信道德的定力不足

大学生在日常生活中的小事上一般可以做到诚实守信。然而，当得知实践诚信道德行为需要自己付出一定的时间、精力后，大学生往往会有所动摇。深挖大学生做出失信行为的原因，无不是逃避考试前背书的压力、上课的辛苦。在面对学业压力时，这些大学生就会违背自己的诚信道德认知，做出诚信道德失范行为。由此可以发现，虽然大学生总体诚信道德水平偏高，但当大学生遇到现实问题时，他们中的一些人坚守诚信道德的定力明显不足，往往会做出失信行为，且涉及大学生学习生活的方方面面。

3. 部分大学生坚守诚信道德的目的不纯

新时代大学生诚信道德要求大学生自觉树立马克思主义诚信道德观、社会主义诚信道德观，并通过自身的实践活动表现出来，在日常生活中做到言而有信。因此，一名具备诚信道德的合格大学生应是从内心尊崇马克思主义诚信道德观、社会主义诚信道德观并时刻用其来约束自己的行为的。然而，当代大学生存在实践诚信道德的内在动机不够单纯的问题，需要我们进一步地加以引导和教育。

大学生相较于中小学生，思想更加成熟，且作为一名接受过完整诚信道德教育的大学生，坚守诚信道德的原因应该是自己内心中诚信道德的约束，而不是其他外在因素，甚至是功利性因素。

4. 诚信道德认知与诚信道德行为相背离

尽管当代大学生能够清楚地认识到诚信的道德价值，理解诚信道德的内容及其危害，但仍会有一定程度的道德失范行为。当今大学生对自身和他人的道德要求是矛盾的，当代大学生往往对他人的诚信道德要求较高，希望别人对自己言而有信、一诺千金，而对自己的诚信道德要求比较低，甚至在生活中放纵自己的失信行为。

5. 三大诚信道德问题高发且解决困难

（1）考试作弊和学术造假问题屡禁不止

回看当今校园，虽然每到期末考试学校都会进行诚信应考的宣传，针对学生考试作弊行为出台了一系列严格的惩罚措施，但学生考试作弊的行为还是屡禁不止。

不仅如此，学生作弊的花样和手段越来越多，甚至有些学生还会专门从网上购买高科技的作弊工具，帮助自己实施作弊行为。在教育部加强对高校学生学术诚信行为进行监督和管理的同时，越来越多的学术失信行为被曝光，大学生学术失信问题已成为当今大学校园存在的失信问题。

（2）交友、恋爱不真诚问题屡禁不止

高校校园作为开放、自由的校园，为每个大学生提供了自由交往的空间和平台，大学生可以在校园活动、开放的课堂环境中结交志同道合的朋友，甚至选择相伴一生的伙伴。诚实守信作为人们交往的重要前提，是大学生交友、谈恋爱必备的基本原则。

但是，在当今的校园里，很多大学生降低了对自己的诚信要求，与人交往不够诚恳，经常欺骗朋友，还有一些大学生在恋爱中三心二意，对待感情不忠等。高校学生失信行为的发生，不仅影响了诚信校园风气的形成，而且有损大学生自身的形象。

（3）网络空间失信问题屡禁不止

网络在大学生群体中的普及率已达100%，这说明，在当今世界，每一位活跃在大学校园中的大学生都是一位网民。大学生作为一名网民，既是网络空间中的主体，同时又是深受网络空间影响的客体。因此，大学生在网络空间的诚信道德问题仍然值得我们关注。

2020年当全国遭受新冠肺炎病毒侵袭的时候，在我们举全国之力抗击疫情之际，某一高校女大学生利用互联网以卖口罩为名骗取了400多万元人民币，警方对其进行抓捕时，她正在进行着大数额的资金交易。由此我们必须要进行深刻反思，大学生作为我国培养的高素质人才，本应在国家危难之际伸出援手，帮助国家共渡难关，而部分大学生却用欺诈等手段大发国难财。因此，我们必须致力于提升大学生的诚信道德素质，扫除大学生依然存在的诚信失范问题，真正实现习近平总书记提出的"立德树人"目标，注重对大学生的诚信品质教育。

三、大学生公民道德现状分析

（一）大学生公民道德建设的有利条件

1. 公民道德建设平台拓宽

新兴信息传播媒介高速发展，它已经渗透到人们生活的各个方面。大学生很容易接受新媒体带来的信息，新媒体由于其便捷性迅速获得了绝大多数学生的青睐。在一定程度上，它在拓宽大学生视野，促进大学生全面发展方面发挥了作用，这也为大学生建立良好的公民道德创造了机会。在某种程度上，新媒体的出现为大学生公民道德建设带来了不小的优势。新媒体有利于提升大学生公民道德建设的主体性，促进大学生内化公民道德，是新时代进行大学生公民道德建设的优质平台，为大学生提高道德素质提供了便利条件。

在新媒体平台上，公民道德建设教育者与受教育者俱在，大学生能够在较短的时间内发挥主体作用，不仅能够评估他人的公民道德行为，而且能够反思自身的公民道德行为。目前，高校利用融媒体对大学生进行公民道德教育已是一种趋势，例如，通过建立健全高校融媒体平台运营机制，搭建传统课堂、网络课堂等。

2. 公民道德建设途径丰富

在新的时代条件下，大学生公民道德建设不仅仅以单纯的学校公民道德教

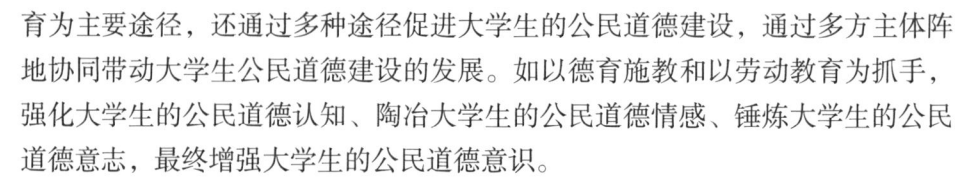

育为主要途径，还通过多种途径促进大学生的公民道德建设，通过多方主体阵地协同带动大学生公民道德建设的发展。如以德育施教和以劳动教育为抓手，强化大学生的公民道德认知、陶冶大学生的公民道德情感、锤炼大学生的公民道德意志，最终增强大学生的公民道德意识。

3. 公民道德建设内容深入

目前，高等学校相对应地采取了较为深入的措施促进大学生的公民道德建设，在课堂、实践活动中都有不同程度的公民道德教育，公民道德建设内容不断深入大学生的日常生活与学习。一是思想政治理论课作为提升大学生思想道德素质的关键性课程，也在不同程度上对大学生进行公民道德教育。二是高校都相继增加实践教育，鼓励大学生积极投身社会实践。这些能够让大学生更好地认识社会，了解国情，在具体的社会实践活动中获得感知和体验，进而增强大学生的社会责任感，提升公民道德素质。

（二）大学生公民道德存在的问题

1. 价值信念待强化

价值信念对一个人的发展至关重要，价值信念模糊一定程度上容易导致信仰缺失。全球市场经济的发展带来了多元化的思想观念，大学生未成熟的价值观念受到冲击，部分大学生的价值信念开始出现偏差。特别是各种社会思潮和价值观念的侵蚀导致大学生产生了拜金主义、享乐主义、个人主义，妨碍了社会主义核心价值观的培育。如部分大学生诚信意识淡薄、学习贷款故意拖欠、考试作弊、评选评优投机取巧等。因此，2019年颁布的《新时代公民道德建设实施纲要》里新增的个人品德建设正是对这些极端的个人主义、享乐主义理念的回应，大学生公民道德建设时不我待。

2. 相关制度待提升

道德是内心的法律，而制度是道德效力的外在保障。新时代大学生的公民道德离不开制度的约束。新时代大学生公民道德建设需要更加完备的、科学的、有效的制度，此制度既包括正式制度，也包括非正式的规范、礼仪、家规等。

此外，高校应为制度创造良好的运行环境与实施条件，推进制度的进一步有效落实，保证大学生公民道德建设良好进行。

3. 责任意识待提升

高校学生作为社会发展的主力军，具有一定的责任意识，才能更好地促进道德素质的提升。尽管在新思想的引领下，大学生的责任意识较高，如受新冠肺炎疫情影响，大学生勇于承担志愿工作、防护工作等，但仍存在着不同程度的个人主义思想、享乐主义思想，尤其是以权利为中心的思想，只过分注重自己的权利而忽视义务的履行。

四、大学生网络道德素养现状分析

（一）大学生网络道德素养状况的积极表现

1. 大学生信息甄别能力较强

面对众多良莠不齐的网络报道和资讯，多数大学生都能很好地端正自己的态度并做出正确的回应。大多数大学生在面对网络信息时，对真实性都有良好的判断，不会轻易转发，大部分大学生在网络信息甄别方面表现良好。大学生在日常浏览网络信息时能做出理性判断。

2. 大学生能够理性判断不道德的网络行为

随着网络道德规范的普及，大学生在网络上的日常行为也越发规范和健康，像以往那样网络诚信缺失的不道德现象有所减少，绝大多数也不会出现过激的网络行为。

大部分大学生在网络上化解矛盾时相对比较理智，都可以做出理性的处理。大多数大学生能够理性追星。但也要注意到还有为数不少的大学生在面对有人在网上攻击偶像时，会参与到网络暴力和网络不道德行为中去。

（二）大学生网络道德素养存在的问题

1. 大学生的自律能力较差

道德之所以高尚，源于自律，法律是最低的道德标准。部分大学生在网络上的道德行为还是有些不理想，在虚拟身份的掩饰下毫不约束自己的不道德行为。

部分大学生在上网时自律性较差，近半数大学生存在沉迷网络和信用透支行为。这部分大学生不能很好地约束自己。

2. 大学生的道德情感冷漠

大学生在网络活动中的道德情感相比于现实生活更冷漠，一些大学生在网络道德情感方面十分冷漠。一部分大学生直接无视网络空间的道德规范，选择用虚拟的外壳包裹真实的自己，毫无罪恶感地在网络上进行活动，这种行为导致道德违规现象频繁出现。

3. 大学生存在诚信缺失行为

部分大学生存在利用网络进行抄袭、欺诈和窃取他人隐私的行为，这些都是诚信缺失的表现。部分大学生甚至存在较为严重的不尊重他人隐私的行为，这表明其在遵守基本网络道德规范上还有所欠缺。

第二节 高校德育的现实困境

一、高校德育课程管理的困境

（一）德育课程管理目标存在问题

高校德育课程管理目标，即在开展德育课程前所预先设定和规划的所要达到的成果标准，此内容从根本上决定了德育课程的发展方向。高校的德育课程管理目标存在问题，具体表现在以下三个方面。

1. 课程管理目标本身明确性不足

高校德育课程目标的设立必须要紧紧结合国家的教育理念、方针政策以及当下的社会需求，不仅如此，也要将学校自身的教育水平纳入考虑的范围内。在对国家政策理念进行深刻解读的基础上，针对学校德育现状和现实需求进行德育目标的设定，以此指导德育课程管理工作高效进行。

但是，在这些问题的把握上，部分高校未能做好，并没有形成一个相对全面和系统的目标设计方案，导致课程的内容与德育课程目标的契合度降低。德育课程管理者并不能很好地站在全局的角度将德育课程与普通课程进行融合，使管理目标设计的科学性较低，明确性不足。课程管理目标的模糊会直接导致高校德育课程设置和管理的混乱，授课内容与德育需求无法形成有效的对接，进而影响德育课程的质量。

2. 课程管理目标缺少前瞻性

任何事物想要持续存在均需要进行不断的改进和发展，高校德育课程管理须与社会的发展同步。目前，高校德育课程管理目标在设置上存在脱节现象，与社会的需求缺少科学性关联。具体表现为大量沿袭传统德育课程管理方案、照搬固有的德育课程管理目标、对社会和受教育者的实际需求充耳不闻，致使德育课程管理目标过于陈旧，缺少实践价值。

3. 课程管理目标的设定缺乏创新性

当前，高校在德育课程的设置、开展过程中，大多采取"一刀切"的形式，即按照固有的德育大纲或教学计划来实施，不能很好地了解不同层次学生的德育需求和接受程度。一是缺乏实地考察意识，站在固有经验的角度制订德育课程管理目标。就学生的生源地和家庭背景而言，每个人的成长环境和生活环境都有不同，但在对课程目标进行管理时，大多采取"按部就班"的方式，在一定程度上忽视了学生的实际需要。二是缺乏创新意识，不能做到对固有目标的扬弃，不能做到引进先进理念，使德育课程管理陷入僵局。

（二）德育课程内容设置不合理

德育课程内容设置不合理是高校德育课程管理过程中一个比较突出的问题，具体体现在以下几个方面。

1. 德育课程设置比较单一

这里所指的课程设置单一在一定程度上可以理解为模式的守旧和内容的僵化。目前，我国对德育工作越发重视，前后出台了许多文件来促进其健康发展，并提倡在"以人为本"的基础上展开相关工作。而部分高校未能完全掌握其精髓所在，忽视学生的实际需求，德育课程设置比较单一。

高校所采用的德育课程教材的部分内容大多沿袭传统，较少或不加入新的、符合时代需求的内容。科学的德育课程设置要求学校在开展德育知识性教学的同时，投入相应的精力到德育环境的营造工作当中，即开设能够满足社会和学生需求的隐性德育课程。

2. 德育课程内容存在局限性

高校德育课程内容涵盖范围基本限于政治、经济、哲学、法律以及职业道德等，并且内容范围几乎处于稳定不变的封闭状态。课程主要包含马克思主义基本原理、毛泽东思想和中国特色社会主义理论体系概述、中国近代史纲要、思想道德修养与法律基础、形式与政策、习近平重要讲话专题辅导、职业发展规划、大学生健康教育等，其采用教材的版本虽两年更新一次，但内容上的创新性和新颖程度都无法满足学生的实际需求，并且在课程内容选择方面也不能很好地实现与前沿性内容的有效对接。这样的封闭循环将会在客观上导致德育课程的内容逐渐固定、陈旧，无法及时地接收到新的社会信息，进而导致德育课程难以焕发出新的生机。

3. 德育课程内容缺乏趣味性

当前，多数学校和教师在课程设置上往往根据教学大纲机械地完成教学任务。该过程不能很好地关注学生的兴趣点，使课程缺乏趣味。德育课教学是一个师生双向合作的过程，从教师的角度来看，在德育课程内容和教学手段的选择上，应兼顾时效性和趣味性，以更好地激发学生的学习积极性。就学生而言，学生应积极发挥主观能动性，配合教师与学校完成德育课程的学习，把握

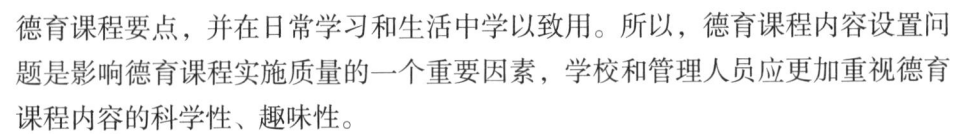

德育课程要点，并在日常学习和生活中学以致用。所以，德育课程内容设置问题是影响德育课程实施质量的一个重要因素，学校和管理人员应更加重视德育课程内容的科学性、趣味性。

（三）德育课程管理方法陈旧

目前，德育课程的管理方法相对陈旧，教师在进行知识传授的过程中大多数采用灌输式教育，将事先准备好的知识和内容按照预先设定的形式进行输出，在整个输出的过程中学生只需要扮演接收者即可。所以，课程带给学生的更多的是理论与观点，而无法使学生真正在一个开放和自由的环境中学习，也无法通过自身的探索获得新的观点。

1. 德育课程管理方式略显陈旧

德育课程管理方式的更新是为了最大限度地保证德育目标的实现，也可以将德育课程管理方式理解为"路标"，学生要在路标的指引下完成学业。与此同时，德育方法的先进性与德育的实效性存在着极为紧密的联系。

目前，我国的发展已步入快车道，新生事物不断涌现，社会对高素质人才的需求日益迫切。这些都对我国高校的教育质量和教育能力提出了更高的要求。但是，并非所有的高校都能够深刻地认识到这一点，很多高校仍然把德育课程或德育课程管理局限于传统的德育课程模式。就德育课程管理工作的开展而言，许多高校都没有一套完善的课程管理体系，一味地采用以往的经验和方法，使德育课程管理水平停滞不前。所以，突破传统、推陈出新成为优化德育课程管理方法的关键，应引起全体德育课程管理者的重视。

2. 德育课程管理方式与新兴事物衔接出现断层

伴随着市场经济的不断发展，新媒体技术以及网络已渗透到人们生活的各个角落，互联网也逐渐成为人们谋求发展的强大依托。高校德育课程管理方式、手段的选择没有与网络技术实现很好的对接。即使有些高校在课程实施和开展的过程中，也会借助网络技术渠道，但受课程管理者和教育者自身技术水平和管理思想的制约，高科技手段的应用范围仍然狭窄，不能完全满足课程发展的客观需要。缺乏德育课程管理方法的创新，也在客观上限制了德育课程自身的更新，加大了高校德育课程的实施和创新难度。

（四）德育课程管理队伍力量薄弱

在德育课程管理中，往往由管理者占主导地位，德育的指导、德育课程内容的筛选和德育管理方法的选择等方面都由管理者来承担。因此，德育课程管理队伍的素质水平是影响德育课程管理最终质量的重要因素。高校德育课程管理队伍整体素质不高,力量薄弱,具体表现在以下几个方面。

1. 德育课程管理主体单一

高校德育工作是思想政治课的有益补充。具体地说,教师是通过思想政治课的形式传授道德知识,通过辅导员辅导的形式进行道德塑造的。无论采用哪种形式,课程管理者都是教师。也就是说,学生只能从教师的身上领悟道德教育的真谛,这种主体的单一性无疑是不理想的。学生会模仿相应教师的风格和模式,从而形成千篇一律的教育成果。而且,教师和辅导员自身的能力和精力也有限,无法对每一个人给予关注,被其疏忽的学生便无法享受平等关怀,这对学生来说也是一种不公平的待遇。

为此,学校在关注德育课程管理体系优化升级的过程中,还应考虑提高德育管理工作主体的广泛性,将德育管理的主体进行多样化拓展,最大限度地促进多样化、高质量德育管理队伍的形成,有效解决高校德育课程管理主体单一和队伍素质偏低等问题。

2. 德育课程管理者素质较低

作为德育课程管理队伍的主导力量,德育课程管理者的能力和水平直接影响着德育课程管理的成败。高校部分教师不能真正理解德育的内涵和德育课程实施的真正目的。平时的教学工作,部分教师往往按课时完成教学大纲中规定的内容,不主动地参与德育工作的拓展与创新,未能及时吸取与德育相关的最新知识,致使整个德育课程管理队伍水平和综合素质较差。主要表现为:德育课程管理人员不能准确洞察社会的发展趋势和及时发现德育课程管理工作的漏洞,不能满足新时期国家和社会对高校德育课程管理的新要求。

(五)课程评价与监督机制不健全

高校的德育课程评价与监督机制存在不健全的问题,主要表现为德育课程评价机制欠缺,无法形成科学、全面的评价体系,在客观上影响德育课程管理工作本身的成效。其表现出来的不健全主要体现在以下几个方面。

1. 现有德育课程评价体系无法将定性与定量结合

德育课程评价问题简单来说就是一种监督,一种对德育课程实施效果的监督,而德育课程评价体系就是针对课程体系设立的监督机制。高校德育课程管理队伍缺少科学的评价监督机制,在评价和监督工作进行之前无法对现有的德育课程成果和内容进行性质和等级的认定,使得整个评价、监督过程不够科学。在实际的实施过程中,高校管理者很少花费精力在监督和评价体系构建方面上,致使高校德育工作的评价机制停滞不前。德育课程以及德育课程管理在

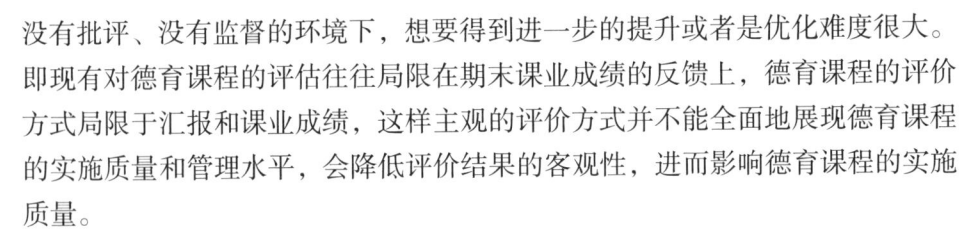

没有批评、没有监督的环境下，想要得到进一步的提升或者是优化难度很大。即现有对德育课程的评估往往局限在期末课业成绩的反馈上，德育课程的评价方式局限于汇报和课业成绩，这样主观的评价方式并不能全面地展现德育课程的实施质量和管理水平，会降低评价结果的客观性，进而影响德育课程的实施质量。

2. 容易出现知识考试与品行考评不相符的现象

期末对所学的德育知识单纯以试卷的形式进行检核，让试卷的成绩呈现学生对德育知识的接受程度，这无疑是不全面的，如果仅依靠这种方法去考量则无法获得准确的德育课程实施质量的评估结果。在错误评估结论的指引下，后续德育课程的开展和管理都无法获得科学有效的指导，进而影响德育课程的管理和实施质量。

二、高校德育运行管理机制的困境

从近年来我国高校德育管理机制运行的实际成效上来看，在高校党委组织和各部门的协同配合下，不少高校已经总结出部分工作经验，并形成了一些行之有效的管理方法，进一步促进了高校德育管理工作的有序开展。与此同时，新时期高校德育管理机制运行过程中的很多问题也日益暴露出来。高校德育管理机制运行中主要存在以下几方面的问题：组织载体待健全、激励方法待创新、评价方式待优化、监督形式待完善及保障体系待改进等。由此可见，高校德育管理机制面临众多挑战，任重而道远。

（一）组织载体待健全

首先，部分高校党政关系不顺、泛政治化意识强烈、功利主义倾向明显。其次，组织部门的某些工作人员存在得过且过、扯皮推诿、消极懈怠等情绪，"管理就是服务"的价值追求未被普遍认可。最后，机制运行中存在部门协调不力等状况，具体表现为以下三个方面。一是部分部门的设置与运行程序不够合理，党政不分的现象比较明显。二是部分部门间权责不清，疏于管理或管理混乱。三是部分部门间利益分配和协调过程不完善。这种与高校德育管理实际相脱离的组织现状，导致了高校德育管理机制运行中管理资源的浪费。此外，部分高校德育管理组织队伍力量薄弱，具体表现为数量不充足、队伍不稳定、部分德育工作者素质不高等，这些问题严重影响了高校德育管理实效。

（二）激励方法待创新

首先，激励意识淡薄。在行为纪律管理方面，部分教师多采用"硬性措施与惩罚"，这种漠视激励价值的管理倾向，容易激化师生间的矛盾，进而影响管理成效。其次，激励方式单一。部分教师在向学生传达规则与惩罚制度的过程中，较少考虑学生的真实需求与内心感受。例如，部分高校对违反管理规定的学生多采取公示的惩罚方式，殊不知这样的方式会令学生感到受屈辱，且容易诱发学生产生负面情绪甚至是极端行为。最后，激励技巧不足。部分高校教师不善于把握激励的最佳时机与场合，轻视甚至忽视激励的教育效用。此外，部分教师的自我情绪控制力欠佳，他们在与学生谈话时往往态度生硬，缺乏情感交流，容易引起学生的反感、厌恶等消极情绪。

（三）评价方式待优化

首先，评价方式较死板。部分高校在评价实施过程中，往往过分强调"共性"，一味追求统一与标准，忽视了学生的个体差异性。其次，评价主体单一。"学生评价是教育评价的核心"，高校德育管理评价的核心一般包括学生与教师"双主体"，在传统的评价过程中，部分教师经常站在"制高点"并享有绝对权威，学生则陷入被动地位，因而学生的主体性特征凸显得不强烈，导致部分评价内容流于形式，得不到有效的评价反馈。最后，评价不够多元化。当前部分高校德育管理评价存在着理论与实践脱节的情况，评价标准与评价方式不够多元化，评价要素彼此割裂，如部分学校重品德评价轻德育过程评价、重定性评价轻定量评价等，需要在今后的工作中引起重视。

（四）监督形式待完善

1. 监督方式缺失

学生群体的监督意识不够强烈，部分师生带有"参与惰性"使得管理监督实效性低。当师生认为自己的监督行为得不到预期效果或监督成本较高时，往往选择"旁观"。

2. 监督效能异化

网络的迅猛发展，为青年学生提供了开放的信息互动方式，也为学生个体参与监督提供了便捷的平台。但值得注意的是，由于网络信息混杂，内容真假难辨，网络的虚拟与隐蔽容易使部分学生迷失自我，从而盲目地发布一些不实或不当言论，扰乱了良好的网络舆论监督秩序。

3. 监督环境欠佳

主要表现在校园监督氛围不够，部分学校在德育管理工作上，并未凸显出规范化与制度化，这种无序的管理氛围，势必招致无力的监督成效。

（五）保障体系待改进

一是缺乏资金保障。高校财政分配难以达到均衡，从而容易造成德育管理经费需求大而投入不足等问题。二是缺乏资源保障。高校德育管理中类似部门常被逐级设置或重复设置，容易造成资源浪费。

三、高校德育目的与现实教学工作的错位

（一）古今中外的大学教育理念

1852年，爱尔兰都柏林大学校长约翰·纽曼第一次系统地提出了"大学理念"，他认为"大学传授的不应该是使用的技术知识，而应提供以文理科知识为主的博雅教育"，认为大学应该是训练和培养人的智慧的机构，教会人们在工作和生活中理性思考问题，而不仅仅是掌握某种技能。西方对于大学有一种普遍的认同，认为大学应该独立于社会之外，应该是社会上的一方净土，不被侵蚀。

纵观我国古代社会的教育，可以发现古代虽然没有大学这个称谓，但大学教育的确存在。我国古代数千年的历史长河中，儒家居于正统地位，其大学教育的目的是使人人都能成为仁人君子，使社会实现太平，人人能安居乐业。经过几千年形成的优秀传统文化，尤其是"孝亲、礼敬、诚信"等传统道德文化是培养大学生健全人格的有效途径，传统的道德文化和道德楷模具有强大的影响力和示范作用，必将对大学生的健全人格养成起到积极的促进作用。古代无数读书人更是把"修身、齐家、治国、平天下"熟记于心，终其一生都为之而奋斗，他们这种为国家的强大而奋斗的精神与近代年少的周恩来的"为中华之崛起而读书"如出一辙。

此外，著名的学者陈寅恪曾说，"吾民族所承受文化之内容，为一种人文主义之教育"，就是说我国古代的教育重视的是个人内心的道德修养，追求的是一种精神上的自我满足，属于一种人文教育，而大学德育的重要目标就是帮助大学生树立正确的价值观念，促进大学生道德素养的全面养成。

随着生产力的发展和世界形势的变化，"以文治国"的方式在当时使中国身居他国之后。随着辛亥革命的开始，中国国内的动乱彻底爆发，近代中国人的思想也遭受了西方巨大的冲击，中国的教育也向西方的教育方式靠拢。京师大学堂改名为"北京大学"，蔡元培先生被任命为教育总长，他首次确立了新式大学以文、理两科为主的综合性，以教授学生高深的学术为宗旨，做了"学"与"术"的分离。蔡元培先生此举奠定了以后中国大学的兼容并蓄、学术独立和思想自由的精神基础，对中国后期教育的发展具有很大的影响。清华大学前校长梅贻琦对于教育的目的也有独到的见解，他认为大学教育的最终目的应该在于培养通才，而不能只重视专业技能的传授，应该培养全能型的复合

人才。他在著名的《大学一解》中阐释道:"今日之大学教育,骤视之,若与明明德、新民之义不甚相干,然若加深察,则可知今日大学教育之种种措施,始终未能超越此二义之范围。"这就是要通过大学的通识教育,提高大学生的道德水平,从而改良社会风气,大学最重要的教育目的也在于此。

(二)现代大学教育理念的错位

在经济全球化的形势下,各国的文化交流日益增多,国外与我国截然不同的思想观念、生活习惯等都通过各种渠道潜移默化地影响着我们的人生观、价值观和世界观。邓小平提出"科学技术是第一生产力",要重视人才的培养。由于教育的最终目的是促进经济的繁荣和发展,我国一些高校在课程设置、教学内容等方面都偏重于理工学科,对人文学科重视不够,忽视了人文精神的培养。

直到今天,一些接受教育的目的都是有功利性的,大学生上大学是为了毕业后能找到一份体面的工作,而不是提高自己的综合素质。目前的高校由于现实中的无奈,在课程设置上也比较注重专业知识,对于人文教育虽然还没有达到漠视的地步,但也忽略了对大学生的道德教育。加之高校德育课程缺乏创新,课程内容陈旧,教材跟不上时代发展,学生对德育课的兴致不高,认为德育课可有可无,逃课现象时有发生。一些大学生在课堂上不认真听讲,只是为了应付考试,因为只有这样,才能顺利拿到毕业证书。这样的教育,根本不能达到教学目的,更不要说提高个人道德水平,进而改善社会风气了。

目前社会上大学生传统文化教育氛围不浓厚,在一些高校,大学生传统文化教育不同程度地出现了形式化和弱化的倾向。教育是人类文化记忆传承的重要方式。作为文化教育的重要阵地,高校不容推卸地肩负着保护国家文化安全、促进社会和谐发展和传承民族文化的重要使命。

我国进行高校德育改革就必须重视传统文化教育,将优秀传统文化的内容和马克思主义、中国特色社会主义理论相结合,让我国的高校不仅承担起教书育人的责任,同时也肩负起继承和发扬民族文化的历史使命,为中华民族的伟大复兴能够早日实现贡献力量。

由于传统文化教育在不同程度上的形式化、弱化和虚化,一些大学生的世界观、人生观、价值观和审美观发生了扭曲,甚至还引发了犯罪。因此,为提升大学生道德素质,将中国优秀传统文化融入高校德育刻不容缓。

四、传统文化融入高校德育工作的困境

（一）高校德育对象对传统文化的重视度低

习近平总书记在中共中央党校建校80周年大会上提出，中国传统文化博大精深，学习和掌握其中的各种思想精华，对树立正确的世界观、人生观、价值观很有益处。在加快实现中华民族伟大复兴的背景下，传统文化在高校德育课程中受到了重视，这对规范大学生的行为起到了良好的作用，但大学生在重视和运用传统文化上还有欠缺，主要表现为以下几点。

1. 大学生对传统文化的理解存在偏差

我国传统文化的发展过程印证了事物的发展是前进性和曲折性的统一的原理。在几个重要的历史时期，我国的传统文化遭受了巨大的打击。改革开放以后西方思潮的恶意侵略更阻碍了我国传统文化的发展，导致部分学生将我国优秀的传统文化抛之脑后，认为其不适应时代的发展，认为我国传统文化只注重形式，且形式死板毫无生机。

毫无疑问，这种态度和看法是十分片面的。当代大学生之所以会存在这样的认知一方面与大学生自身的认知有关，与我国传统文化在发展过程中的遗留问题有关，更与我国高校在德育工作中对传统文化的重视程度不够有关，需要引起广大德育工作者的反思。

2. 大学生对待传统文化的态度不端正

目前，作为大学生主力军的00后具有不同于90后大学生的特性，这一代大学生人多出自独生子女家庭，且在成长中受到了一些西方思潮的影响，他们更喜欢突出自我价值，更青睐优越的物质生活所带来的享乐，缺乏奉献精神与团队精神。而勤劳俭朴、"先天下之忧而忧，后天下之乐而乐"这样的中华传统美德却难以内化为学生的道德品质。

（二）高校德育中传统文化的育人氛围有待加强

把优秀传统文化融入高校德育，发挥其最大的德育价值是一项系统工程，工程的复杂性导致学校和社会在利用优秀传统文化育人的过程中、在育人环境的氛围营造上有所疏忽，导致传统文化教育的整体效果不佳。

1. 社会育人环境乱象丛生

"滑时代"的到来使人人都能成为"自媒体"，社会舆论的导向会对大学生的道德认知产生重要影响。市场经济在带给人们丰厚的物质享受的同时，也造成了优秀品格的流失，传统的"重义轻利"价值观念慢慢转变成"重利轻义"。一部分不负责任的媒体受西方资产阶级思想影响，公然抨击我国传统文

化中的价值观念，这将严重影响大学生对我国传统文化的文化自信，使德育工作更难走出困境。

2.高校育人过程中定义狭隘

高校在利用我国优秀传统文化育人的过程中，虽然强调以和为贵、诚信友善、勤俭节约、天人合一等优秀传统美德对于大学生道德发展的重要性，但当定义一个优秀学生时，只注重学生的学习成绩方面，当把只是成绩优异的学生作为群体榜样时，很难让所有学生感受到优秀传统文化中的道德精神力量，难以形成以先进带动后进的道德氛围。

3.高校德育对网络媒体运用不充分

新媒介的兴起对于将优秀传统文化融入高校德育工作是十分有利的，这些载体在丰富德育形式、拓宽德育路径、内化优秀品质方面起到了积极的作用。高校利用新媒介开展德育工作时仍有不足之处，主要表现为对网络媒体的运用不充分。

互联网给人们带来了巨大的信息量，高校的许多专业都充分运用了网络媒体，但是，我们的德育，如思想政治教育对于网络媒体的应用还很不够，很多面向学生开发的网站浏览量很小，网站与学生的互动性低，比如，微信、QQ等未充分利用。

4.高校德育机制偏重传统文化的单向灌输

"灌输法"强调教育者的主体性，而忽视受教育者的主体性，单向地灌输只能带来单向的沟通，使教育者很难得到真正的德育成果反馈，从而使德育的最终效果不理想。

旧的德育方法以"灌输法"为主，马克思、恩格斯首先提出了灌输概念，他们认为先进理论不会自发产生，灌输是把真理转化为巨大物质力量的有效途径。我们不得不承认灌输法在特定时期产生过巨大影响，但随着时代的变迁，灌输法的弊病日益显现。首先，灌输法以强化道德知识为主，忽视对学生道德意志养成的教育；其次，灌输法重正面教育，无法用大量的反面教材来帮助学生辨别不道德的行为；再次，灌输法重视共性，忽视个性；最后，灌输法"填鸭式"的教学往往容易发展成形式主义，导致学生只知道遵守规则而不知其行为意义。在我国德育工作者的努力下，德育方法渐渐有了转变，尽管有了很大改变，但是目前高校在德育方法上仍然存在不少问题。

（1）重理论，轻实践

学生虽然不反对思想政治课，但是对与思想政治课类似的课程也没有好感，觉得枯燥无味，总是重复描述一些简单枯燥的问题。不论是小学、中学还是大学，德育课程几乎没有校外活动，道德问题的研究也几乎不需要学生在实践中收集数据，缺少了这一步，学生就难以拥有从实践中总结经验教训的经历，想要学生再重视德育，就很难了。

（2）德育认知方法多，内化方法少

大学生丰富的道德情感有助于他们形成健康的心理。当学校教师向学生传授道德知识时，若社会现实向这个学生传递了相反的道德概念，这时学生就会对教师的德育工作产生怀疑，学生便陷入了两难的境地，为避免这样的情况发生，高校德育要十分重视学生道德信念的树立。道德意志表现为学生在道德上的坚韧性，道德意志使学生在确定了正确的道德信念时能矢志不渝地执行决定，坚持到底，克服可能出现的一切困难，具备以上条件之后其产生道德行为就不难了。

第四章　传统文化与高校德育相融合的意义

中华优秀传统文化在历史中沉淀和积累，不断融会贯通丰富的文化历史资源。高校作为社会主义现代化事业合格人才的培养阵地，在德育工作中必然要重视并积极利用中华优秀传统文化，促进对大学生的文化素养和道德观念的培养，这对其树立正确的世界观、人生观、价值观有所助益，也能更好地继承和发扬我国优秀传统文化。本章分为传统文化与高校德育相融合的必要性、传统文化与高校德育相融合的可行性两部分。

第一节　传统文化与高校德育相融合的必要性

人类的任何活动都离不开其所处的文化环境，德育作为一种以"育人"为目标之一的教育实践活动，同样离不开其所处的整体文化环境，正因如此，文化性不言而喻，亦成为德育的重要特征之一。从本质上说，德育的真谛就在于为一个民族和国家构筑一个思想的支点和灵魂的休养生息之所。

一、是文化自觉与文化自信的要求

所谓"文化自觉"，是指"生活在一定文化中的人对其文化有自知之明，明白它的来历、形成过程、所具有的特色和它发展的趋向，不带任何文化回归的意思，不是要复旧。同时，也不主张全盘西化或全盘他化"。换言之，即文化的自我觉醒、自我反省、自我创建。所谓"文化自信"，则是指一个国家、一个民族对其自身文化传统及其内在价值的充分肯定。

世界上任何民族的传统文化有其积极的方面，同样也有其消极的方面。"一个民族的文化能否实现自觉和自信，很大程度上取决于对传统文化扬弃的客观与科学的态度。"可以说，对传统文化的理性批判、合理继承，正是"文化自觉"的本质要求。也就是说，一个民族能否对其自身的传统文化进行客观的评价和认识,关系着一个民族"文化自觉"的实现与否。

中国传统文化是勤劳善良的中国人民在长达五千年的中国社会发展中创造出来的,且从未间断过,这在世界上是独一无二的。它不仅标志着中华民族为人类文明做出了卓越的贡献,而且也是中华民族区别于世界上其他任何民族的鲜明文化身份和基本族群特征。只有认识、理解、接受并内化中国传统文化,我们才能理解自己民族身后的历史底蕴,也才能知晓我们是从哪里来的,并对我们现在的生活和未来的美好生活图景进行规划。

反之,如果失去对中国传统文化的认同与理解,我们必定会失去对自己民族文化身份的认同和归属感,进而导致我们在思想文化上无家可归。因此,对数千年来世代延传下来的中国传统文化能否进行客观的评价、认识和科学合理的扬弃,关系着中华民族"文化自觉"的真正实现与否。那种轻率地对中国传统文化全盘否定或异化的做法,无异于是对我们自身文化血脉的莽撞割裂,很容易造成文化的断层或文化"无根"现象的产生。

当前,我国高校德育的重要任务之一,就应该是在正确的指导方向的指导下,按照"取其精华,去其糟粕"的原则,充分肯定中国文化传统的内在价值,努力挖掘中国传统文化的当代价值,不断包容借鉴其他外来文化中的优秀精华,并将其吸收内化,使中国传统文化和现代德育优化整合,从而实现中国传统文化的现代转化和创新发展,进而真正实现"文化自觉"与"文化自信"。

二、是德育自身发展的内在要求

近代以来,中国人民经过长期的努力探索,也的确找到了正确的指导思想,我国德育事业必须坚持它的领导。然而,作为一种产生于中国本土之外的理论学说,虽然其已经超越了民族与地域的限制而成为"放之四海而皆准"的真理。但是,它不可能直接为中国的革命和建设事业提供具体的路线、方针和政策。经过数千年的发展,中华民族有着辉煌的文化创造和深厚的历史积淀,并且形成了历经数千年却从未中断的中国传统文化,其影响力体现在广大中国民众日常的行为方式、思维模式、道德规范,以及价值取向等之中。

因此,我国德育应该而且必须尊重中华民族历经数千年延传下来的文化传统、行为方式、思维习惯,以及价值取向等,批判地继承、吸收并融合具有鲜明民族特色的中国传统文化。只有这样,正确的指导思想才能真正中国化,我国的德育事业也才能在其基本原理和基本方法的指导下得到进一步的创新发展。

在我国,德育作为一种教育实践活动,其根本目的是提高人的思想道德素质，促进人的全面自由以及自主发展。人的全面自由发展，自然而然地包含了文化素质的要求，因此，德育离不开对文化的关注。

然而，从我国德育的整体发展过程来看，我国当代的德育基本上忽视了其文化性，从而"导致德育教育资源的单一化和教育形式的呆板化，德育本应具有的文化含量的丰富性与不断提升性，在有意无意中常常被我们忽略"，其结果便是"本可生动活泼的德育教育读物有时成为政策、文件、语录的简单汇编与转述，本可情趣盎然、文采飞扬的德育有时成为枯燥空洞的政治说教与道德说教"。这种文化性的缺失，不仅使德育教育资源日趋有限，而且也削弱了德育的育人功能，进而阻碍了德育的进一步发展。中国传统文化作为一种重德行的文化，在长期的历史发展过程中汇总形成了"文化化人"和"文化育德"的优良传统，使其自然而然地成为德育教育资源的重要来源之一。

因此，高校德育要进一步发展创新，就必须重视其文化性，必须从中国传统文化中有选择地汲取更加丰富的教育资源。换言之，中国传统文化与高校德育相融合，是高校德育自身发展创新的内在要求。

三、是大学生道德培养的必然要求

中国传统文化蕴涵着深厚的德育教育资源，不论是教育理念、教育原则、教育内容还是教育方法。重视中国传统文化在高校德育中的利用，能够丰富高校德育的理论资源。

（一）有助于培养大学生的爱国主义精神

爱国主义被人们形象地称为中华民族的民族之根、民族之母、民族之魂，历经几千年而不朽，始终是我们中华民族的主题思想和精神支撑。爱国主义是一种道德规范和行为准则，表现在个人对国家的忠诚与热爱上。但是，随着改革开放的深入，受市场经济的发展和外来腐朽文化的影响，当代大学生的爱国主义思想观念和行为发生了巨大的变化。

比如，当代大学生的社会责任感、国家主人翁意识、集体观念逐渐淡化，取而代之的是个人利己主义、拜金主义，严重影响了当代大学生爱国主义观念的树立。

中国传统文化中"天下为公"的爱国主义思想，一直为历代仁人志士所推崇。在爱国主义旗帜的召唤下，我们中华民族形成了不屈不挠、勇于进取的民族气节，形成了"国家兴亡，匹夫有责"的爱国主义意识。

当前，国际形势复杂多变，在这样的复杂环境下，我们更应该重视培养大学生的爱国主义思想。当代大学生深受悠久的中国传统文化的熏陶，更应该继承爱国主义传统，勇敢地担当起自己的历史使命和责任，将赤子之心全部无私地奉献给祖国和人民。

利用中国传统文化中所蕴含的爱国主义思想来教育当代大学生，能够使他们清醒地认识到个人利益与国家的整体利益是息息相关的，培养大学生自觉地形成以义统利的高尚情操，能够帮助他们正确地处理个人与国家之间的利益关系。大学生应对国家忠诚，毫无保留地将自己的知识才能奉献给国家和人民，做到无愧于国家和人民，努力成为有理想、有志气、有气节、有尊严的好青年。

（二）有助于帮助大学生树立正确的人生观和价值观

大学生在思想行为、道德认知和心理等方面有了一定的发展，但是，因为社会阅历较浅，总的来说，他们的思想还不够成熟。大学这个时期也正是大学生形成人生观和价值观的关键时期。高校德育的开展要结合大学生自身的缺陷，比如，他们有着先进的创新意识，但在处理问题的时候，缺乏艰苦奋斗和持之以恒的决心。同时，我们更应该注意到外界因素的影响，当前我国正处于新旧体制的交换时期，市场经济运行下的新型思想道德体系标准还未完全建立，加上各种不良社会思潮和现象的冲击，部分大学生的人生观和价值观出现了功利化的扭曲，这对他们正确人生观和价值观的形成产生了极大的副作用。目前，大学生思想行为上出现的重个人利益轻国家集体利益、重物质利益轻人文素质、重金钱而轻理想等现象，不能不引起广大德育工作者的重视，加强对大学生的人生观和价值观的教育已经是箭在弦上，不得不发了。

如何培养大学生树立正确的人生观和价值观呢？我们不妨从中国传统文化中去汲取养分。中国传统文化将追求高尚的道德人格作为主要思想。比如，中国传统文化中的一些好的道德思想和教育方法，对于塑造大学生良好的道德人格有着良好的借鉴作用。中国传统文化有助于培养大学生形成朴实的思想品格，使大学生在处理个人与他人、个人与国家的关系时，能够保持正确的思想观念。

比如，自省慎独的修身思想对培养大学生个人的人生观和价值观有着不可估量的作用。它那种自尊、自重、自律、自强的精神，对我们今天的高校德育也很有启发意义。当代大学生应继承与发扬中国传统文化中关于人生观、价值观的优秀思想，树立正确的人生观、价值观，造就理想人格，为推动中国传统文化的发展和中华文明的进步做出自己应尽的贡献。

四、是形成和发挥文化软实力的基本保证

文化软实力是指一个民族、国家或地区的文化影响力、凝聚力和感召力，是国家软实力的核心因素。这是因为，文化作为一个国家的灵魂或血脉，凝聚着这个民族对世界和生命的历史认知和现实感受，积淀着其最深层的精神追求和行为准则，并承载着整个民族自我认同的核心价值取向。就一个民族或国家自身的发展来说，文化软实力主要表现为一种精神上的整合力，它有利于国家凝聚力的形成和民族性格的养成，有利于促进民族团结、国家统一、政权巩固和文化自信。

一个国家如果对本民族或本国的传统文化缺乏自信，忽视自身文化软实力的开发和建设，那么就等于放弃了本民族或本国的文化主权，其结果自然会导致本民族或本国人民价值取向的混乱，以及精神家园的丧失，甚至导致民族离散和国家分裂。因此，作为一个由56个民族组成的统一的多民族国家，加强对五千年来绵延发展而从未中断过的中国传统文化的开发和建设，充分发挥其对全国各族人民的思想教育和价值引导作用，就显得尤为重要。

中国传统文化和世界上其他民族的传统文化一样，植根于民族的土壤中，从总体上反映和代表着一个民族或社会的思维方式、价值观念、伦理道德，体现在人们的生活方式、风俗习惯、心理特征上，并内化、积淀、渗透于每一代社会成员的心灵深处，往往凝聚为民族特有的国民性格和社会心理。作为一种注重道德教化的伦理型文化，中国传统文化自身就具有显而易见的德育功能，而我国德育本身所具有的文化属性和民族属性，也使其无法离开五千年来中国传统文化留下来的优秀精华。因此，中国传统文化要最终实现其对外的亲和力、渗透力，以及对内的凝聚力和塑造力，则必须通过引导的方式来进行和完成，中国传统文化和德育教育的有机融合正是中国传统文化软实力得以形成和充分发挥的基本保证。

五、是探索高校德育新路径的必然选择

德育具有文化属性，需要以文化为依托。中国传统文化与德育相融合，是摆脱目前德育面临的困境，探索德育新路径，提高德育实效性的必然选择。当前，在经济全球化时代背景下，多元文化并存态势越来越明显，大学生的价值观念、思维方式和行为方式都较以前发生了剧烈变化，这对高校德育提出了严峻挑战。

一方面，目前，我国大部分高校的德育主要还是通过课堂教学来进行，而且在德育课程展开过程中，教学内容单薄枯燥，授课模式单一，往往采用社

会学、心理学等学科的知识与技术，表面化和浅显化地临时解决问题，而对中国传统文化的挖掘和运用不够重视，即使以中国传统文化为依托，也大多停留在"机械融合"或"单纯说教"式的灌输层面，没有深入考察中国传统文化的实质内涵、时代背景、阶级立场等因素，这些都使得中国传统文化在德育中的运用和渗透，非但没有达到预期效果，反而在某种程度上，淡化了学生的民族自信心与自豪感，削弱了中国传统文化在德育中的重要应用价值，德育的有效性也大打折扣。

另一方面，当前在经济全球化时代的背景下，多元文化交流频繁，并存态势日趋明显，各种价值观论调不可避免地对大学生的生活态度、思想观念产生了严重影响。很多学生既没有真正了解外来文化、思想、观念之精髓。又没有深刻领会中国传统文化、思想、观念之精髓。因此，在多元文化的碰撞中，他们的价值观极容易走向偏激；在学习上，他们只重视能够谋生的课程的学习，而忽视精神层面的储备，对德育课程亦不屑一顾；在精神上，他们则只考虑自己，不考虑集体和他人利益，缺乏对人生目标的冷静思考，缺乏对良好的道德品质和人格修养的追求等。我国以往惯常采用以说教和灌输为主的德育模式，无法及时对这些问题提出行之有效的解决方法，而中国传统文化中的优秀精华，也因大学生对其了解甚少，而无法发挥其在德育中应有的积极作用。

因此，要真正发挥中国传统文化在高校德育中的价值和作用，摆脱高校德育所面临的困境，我们必须具有高度的文化自觉意识，探索建立中国传统文化与德育有机融合的最佳机制。

第二节　传统文化与高校德育相融合的可行性

在教育目的方面，中国传统文化和德育都直接指向人，指向人的思想道德素质的提高。与此同时，它们在目标最终指向属性上又回到了政治属性。这反映了两者目的的一致性。除目标设定和指向属性存在一致性外，中国传统文化与德育在内容上也有很多相通之处。但两者在教育模式上的差异，使得两者具有很强的互补性。这一切为中国传统文化与德育的融合创造了条件。

一、目标的一致之处

我国德育的根本目的是，"提高人们的思想道德素质，促进人的自由全面发展，激励人们为建设中国特色社会主义、最终实现共产主义而奋斗"。

这一根本目的包含两方面的内容。一是提高人们的思想道德素质，使人们具备崇高的理想、优良的品德、强烈的事业心、坚强的毅力等，这是我国德育的内在目的。二是促进人的自由全面发展，这是我国德育的终极目的。这两方面的内容构成了我国德育的根本目的，是德育的灵魂和旗帜，直接规定了德育的发展方向。而中国传统文化作为崇德尚贤的伦理型文化，以德育人、注重伦理道德，则是其显著特征。"传统思想文化的重心，是伦理道德学说。传统思想文化的突出特点和优点之一，就是它的道德精神，故我国素以'礼仪之邦'著称于世。"

首先，中国传统文化之儒家经典《大学》开篇便提出了思想教育的根本目标，曰："大学之道，在明明德，在亲民，在止于至善。"这是在阐明，思想教育的目标就是发扬光明美好的道德，使人人都能主动去除杂垢而自新，最终达到理想的境界。

其次，中国传统文化特别注重对圣贤人格的追求，按照儒家经典《论语》的划分原则，中国传统的理想人格可以划分为三个层次。第一个层次为圣人，这也是中国传统文化中理想人格的最高目标和境界。孔子认为，真正的圣人必然是实现道德圆满的统治者，是圣与王的统一，也即内圣而外王。第二个层次为君子，即对美好道德的自觉追求者和体现者，这是中国传统文化中理想人格的核心要素。第三个层次为士或成人，即能遵守礼仪规范者和注重人格尊严者，这是中国传统文化中理想人格的基本标准。中国传统文化中这种对理想人格的追求，也体现了中国传统文化对人们道德品质的总体要求。

由此可见，我国德育与中国传统文化在目标设置上都指向人，指向人的思想道德素质，都将对人的思想道德素质的培养放在核心位置。注重对人的美好的道德品质的培养，体现了二者在育人目标上的一致性。

此外，我国德育以共产主义为方向，不论是提高人们的思想道德素质，还是促进人的自由全面发展，都是为了更好地激发人们建设中国特色社会主义，为最终实现共产主义而奋斗。这也表明了，政治属性是我国德育的根本属性。而中国传统文化也特别注重培养个人与家族、国家、社会的良好关系，强调"修身齐家治国平天下"。可以看出，中国传统文化培养"格物致知之诚意正心"之人的最终目的毅然回归到"治国平天下"的政治属性上来。因此可以说，我国德育与中国传统文化的教育目标最终都指向了政治属性，这也体现了二者在最终目标指向属性上的一致性。

二、内容的相通之处

从中国传统文化和德育各自所包含的内容来看，也存在着许多相通相合之处，二者之所以能相互融合，与两者之间存在着的这种相通相合之处有着密切关系。

首先，中国传统文化中的"大同思想"与德育中的理想教育之间存在着相互联系。德育中的理想教育，是以共产主义理想为核心的理想教育。所谓的共产社会，不存在私有制、阶级、国家；财产归社会公有，人人地位平等；人各尽其力，各尽其能。

而在中国传统文化中，早在中国第一部诗歌总集《诗经》中，人们就有追求"乐土""乐国""乐郊"的期待；在《春秋公羊传》里，也有"衰乱世，升平世，太平世"的三世说，而两千多年前的孔子，则在《礼运·礼记》中，为我们描绘出了一个更为具体而美好的大同世界。在这个世界中，人人平等，亲密无间，人尽其才，物尽其用，个人与社会浑然一体。

由此可见，中国传统文化中的"大同理想"，与德育内容中理想教育的共产主义理想之间存在着一定程度的相似之处。这种相似性的存在使中国先进的知识分子更容易理解和接受正确指导思想的伟大理想，从而促进了其在中国的传播。

其次，中国传统文化中，朴素的唯物辩证法思想与德育中的科学的世界观教育之间亦有相通相合之处。德育中的世界观教育包括辩证唯物主义和历史唯物主义两个方面的内容。

辩证唯物主义以世界的物质同一性为基础，以辩证法为方法论，以对立统一、质量互变与否定之否定三大规律为主干，坚持人类社会由简单到复杂、由低级到高级的螺旋式上升和波浪式前进的历史辩证法。历史唯物主义则揭示了人类社会发展变化的终极原因是经济因素，并由此强调了社会存在对社会意识的决定作用，物质生产对社会发展的基础作用，以及人的实践对社会发展的推动作用。

而中国传统文化中则一贯重视"经世致用"，着眼于从物质生产条件，以及民心向背的角度，来思考历史的兴衰更替，着眼于从人民的物质生活出发，来研究社会的道德与文明。春秋时期的管仲提出了"仓廪实则知礼节，衣食足则知荣辱"的观点。孔子提出的"庶之、富之、教之"的思想，则解释了人口的繁衍、社会财富的增加、人民生活的富足和道德教化取得成效之间的依次决定关系。由此可以看出，中国传统文化中的这些观点，其实与历史唯物主义的观点有着相通相合之处。

除此之外，中国传统文化中还蕴藏着朴素的辩证法思想。道家学派的创始人老子提出了"万物负阴而抱阳，冲气以为和"的观点，意即任何事物都有对立的两个方面，即"阴""阳"二气。这两个方面在相互作用中实现统一之"和"。《周易》中"一阴一阳谓之道""刚柔相推而生变化"等观点，意在强调阴、阳和刚、柔对立面的相互作用，对于事物发展变化的推动作用。张载亦认为，"一物两体，气也。一故神，两故化，此天地之所以参也"，意在强调矛盾双方对立统一的关系。基于以上分析，我们可以看出，中国传统文化中所蕴含着的朴素的唯物辩证法思想，与辩证唯物主义和历史唯物主义之间，在价值定位和思想倾向上，亦存在着相通相合之处。

可以说，正是由于中国传统文化与思想道德教育内容之间有这种相通性，二者才有了相融合的可能，进而使德育得以在中国传统文化这一丰厚的历史土壤中不断地获得新的发展。

三、价值观的契合之处

社会主义核心价值观是社会主义核心价值体系的内核，其基本内容包括：倡导富强、民主、文明、和谐；倡导自由、平等、公正、法治；倡导爱国、敬业、诚信、友善。

其中，富强、民主、文明、和谐，是我国在社会主义初级阶段的奋斗目标，体现了社会主义核心价值观在发展目标上的规定，是立足国家层面提出的要求。自由、平等、公正、法治，体现了社会主义核心价值观在价值导向上的规定，是立足社会层面提出的要求。爱国、敬业、诚信、友善，体现了社会主义核心价值观在道德准则上的规定，是立足公民个人层面提出的要求。

社会主义核心价值观三个层面的要求也为我国的德育工作指明了方向，它要求德育必须在理念上进行全面的更新，树立"以人为本"的教育理念，体现在德育实践中，就是要以个人的发展需求为本，教育内容要以社会主义核心价值观为主导，教育方法要尊重个体差异，教育途径要吸纳隐性教育的优势等。

而中国传统文化作为中华民族历经五千余年创造的一种反映民族特质和风貌的民族文化，是中华文明的结晶，它源远流长，博大精深，形成了包括贵和持中、谦敬礼让、忠公重义、求真务实等在内的十分丰富的价值观念，这正是我国现阶段社会主义核心价值观的重要理论来源之一。

中国传统文化所倡导的价值观念，与我国目前德育所倡导的社会主义核心价值观有许多契合之处，这也是二者能够融合的重要条件之一。当然，这并不是说，中国传统文化所倡导的一切价值观念都是正确的、适合我国现阶段的德育状况的，所以，我们应该坚持以批判继承的态度，来区别对待、使用它们。

四、教育模式的互补之处

德育的方法多种多样，有理论灌输法、实践练习法、自我教育法、榜样示范法、比较鉴别法、咨询辅导法等。在这些方法中，理论灌输法是德育最主要、最基本的方法。德育极具意识形态色彩，自然需要通过理论灌输法对受教育者进行理论教育。

然而，在我国以往的德育实践中，长期过于强调其意识形态功能，而忽视了它的文化功能，使德育一直偏重于单纯空洞的理论说教和意识形态的直接灌输。

不但如此，在德育过程中，教育者往往不顾及受教育者的具体情况，不分层次，不问对象，常采用"我讲你听""我说你做"等粗暴的教育方式，受教育者只是被动地接受、内化吸收这些科学理论，使德育工作显得呆板乏味，德育的实效性也大打折扣，很难适应新形势的发展要求。

德育对意识形态的过分强调，使其自身的文化属性和人文精神受到遮蔽。中国传统文化的教育方式则正好弥补了现代德育教育模式的不足。

首先，中国传统文化注重渗透而非灌输，强调"以文化人"。社会成员受中国传统文化的影响而形成个性品质、思想观念、行为模式等。这些一旦形成就会内化并渗透于社会成员的灵魂深处，很难改变。

其次，中国传统文化注重引导人内心深处的自觉意识，引导人们通过"自省""内省""慎独"等方式，来反思自己的思想和行为中的不足与过错，进而使人们在认识上达到真正的"知"，不断提升自身的道德修养，使自己不断接近圣人的道德境界。不过，以自觉内省方式来提高自身道德修养，最终是为了付诸道德实践。

最后，中国传统文化注重"知行合一"的道德践履而非空洞说教。可以说，"知行合一"正是我国传统文化经过长期的实践探索和理论总结所形成的极具特色的思想道德教育的方法论系统。

《周易》曰："履，德之基也。"先秦墨家学派代表人物墨子就对道德实践十分重视，他认为，评价一个人是否真正为"仁"，"非以其名也，亦以其取也"。意即一个人是否真正为"仁"，不是看他是否知道"仁"的含义，而是看他在行为上是否有真正"仁"的举动。明代思想家王阳明则更是明确提出了"知行合一"思想。可见，中国传统文化不仅注重道德教育中的自觉自省，更加注重在自觉自省基础上的道德践履，注重"知"与"行"的辩证统一。

上述中国传统文化所倡导的种种教育模式弥补了我国现代德育因过分重视和强调意识形态性而造成的单一、空洞的局面。当然，由于意识形态色彩极为强烈，德育离不开理论灌输这种教育模式，只是当我们忽视了文化对德育的内在渗透力，忽视了受教育者的内在自觉自省意识，忽视了教育者与受教育者在教育过程中的道德实践，而过分强调这种理论灌输的教育模式时，灌输的力度再大，德育也难以取得理想效果，甚至会起反作用。

为此，我国现当代的德育应借鉴和吸收中国传统文化中所倡导的潜移默化地渗透、"知行合一"等教育模式，改变我国现当代德育单一单调的教育模式，弥补我国当前德育教育模式的不足，引导全体社会成员积极主动地反省自身，不断提高自身的思想道德素质，培养自己的良好道德品质。

第五章　中国和谐传统与高校德育目标的构建

中国的传统文化蕴含着丰富的"和谐"思想，"和谐"思想贯穿于上下五千年中华文明的各个时期，渗透在各家流派思想文化和人类社会生产生活的方方面面。"和谐"思想为我国当代的文化建设提供了思想基础。本章分为传统文化的"和谐"思想、中国和谐传统的德育价值、现代高校德育目标的构建三部分。主要内容包括："和谐"概念的含义、中国传统伦理道德中的"和合"价值取向等方面。

第一节　传统文化的"和谐"思想

一、"和谐"概念的含义

"和"这一观念由来已久，同时和谐思想也伴随着"和"的观念一起源远流长数千年。在远古早期，中华民族的先人逐步形成了人与自然界的群族和谐感。这种和谐感强调的是整个群体内部之间的和谐，这也是中国传统和谐思想最基本的组成因子。

"和"字最早出现在商代时期的甲骨文和金文当中。在甲骨文中，"和"即龢。很多古文学家参考了大量的仰韶文化与古龙山文化，运用古文字学象型字义法分析龢字，从字体的结构上看，表达的是一幅夏、商时代的农业社会的耕田景观图，由篱墙、房屋及庄稼几部分组成。这可充分说明，我国人民追求"和"的思想可追溯到几千年以前。同时有关"和"这一概念，很早以前就出现在中国古代经典的著作之中了。例如许慎在《说文解字》中曾提出，"和"的解释为"调""相应"，这也可以表述为，"和"应当解释为"和顺""调和"。而在《广雅·释诂三》中，"和"与"谐"二者的意思是比较相近的，即可认定为同义词。同时在《尚书》中也有过"和"的论述，即"和"也可放在天下、国家、家庭等诸多领域中加以解释,如用在国家中可理解为治理良好。

而"谐"本意是和谐之意,强调各个单体之间要配合得恰到好处。《周礼》一书中说"调人掌司万民之难而谐和之",这里的"谐和"二字都是指各事物之间的各个组成部分都要相互协调配合,并恰到好处地有机联系在一起。"和谐"一词,就是指存在个体差异的各种因素或各种事物相互协调好单方面的关系而统一地联系在一起。"和谐"是儒家、道家等各家各派所追求的人与人之间关系的理想目标。同时,只有保持社会的普遍和谐,社会才能真正快速发展。我国古代的诸多典籍虽然都提到了"和谐"二字,但只是对其做了简单解释,还只是停留在一种素朴的、原始的、片面的、非客观的评述上。

和谐又是一种关系,此时,它所涉及的对象就不能是单一的,而是要有两个或两个以上。首先,和谐离不开每个单体之间的差异,没有差异就考虑不了两者之间的关系是否是和谐的。而同与异两者之间又是相依并存的关系。不是说相同就意味着和谐,不同就意味着不和谐。为了能达到两种或多种事物之间的和谐共生关系,就要既不能单独排斥异,又不能单独排斥同,这就是古人所提出的"和而不同"的思想。中华文化自古以来都提倡的是"以和为贵""以和为善""以和为美"的和谐文化,它的哲学思想根基就是"和而不同"。充分协调单体之间的差异,以求统一体的和谐,才是和谐思想的思想宗旨所在。

二、"和谐"思想源远流长

和谐一词在中国古代,本用于音乐,在礼乐教化中指韵律和谐。它泛化为人伦关系,比喻夫妻和睦,如"琴瑟和谐",或如司马相如弹给卓文君听的《琴歌》:"交情通体心和谐"。最终引申到政治领域,如《左传》襄公十一年晋侯所说:"八年之中,九合诸侯,如乐之和,无所不谐。"东汉末年曹操的智囊、政治家仲长统说:"和谐则太平之所兴也,违戾则荒乱之所起也。"元代戏剧家关汉卿说:"遂令鱼共水,由此得和谐。"

(一)先秦诸子百家的"和谐"思想

和谐是先秦诸子百家学说的重要命题与核心精神。儒、墨、道、法、兵等主要思想流派对和谐思想都有深刻的阐发。儒家在《论语·学而》中提倡"中和",强调"礼之用,和为贵",注重人与人之间的和睦相处,人与社会的和谐发展;道家则追求人与自然的和谐统一,提倡遵道以行,率理而动,因势利导,合乎自然,虚静处下,海涵宽容,从而建立起自然和谐的治国秩序;墨家倡导"兼相爱,交相利",主张实现个体与社会的有序一体,道德与功利的和谐一致；法家主张对个人、社会、国家三者关系正确定位，在当今社会的格局内，实现国家主导下的社会和谐；兵家讲求"令民与上同意"，强调"先和而造大事"，把"令之以文，齐之以武"作为治军经武的重要前提，视"和谐"为克敌制胜的根本保证。

（二）两汉经学的"和谐"思想

孔子删削上古三代文献并在其中渗透了自己的微言大义，从而形成了经学。从经学的产生和发展过程来看，两汉儒家皆以读经、说经和注经为主要任务，经学实质乃儒学与王权政治的合流。因此汉儒们也就比较完整地继承了先秦儒家关于"和谐"的思想，进而进行了丰富和完善。

（三）隋唐佛学的"和谐"思想

佛禅宗认为心为天地之本，一切事物的成败俱在心的一念之间，生命的种种烦恼皆由心而生，只有从心里放下，才能摆脱烦恼，心灵才能得到自由。强调心灵自由的佛学实质，就是传统文化中关于和谐思想的宗教化发展。

（四）宋明理学的"和谐"思想

无论是理学派，还是心学派，他们的特点都集中体现于对"孔颜之乐"的研究和探讨上。孔子曾经问他的弟子们如子路、曾点、冉有、公西华等有什么志向，他们回答不一。孔子这一"'吾与点也'之乐"的典故，在很大程度上影响了宋明理学中的"孔颜之乐"问题。

"孔颜之乐"不仅是超越贫富贵贱的，而且也是超越事功的，同时还是超越社会道德伦理的。事实上，"孔颜之乐"主要是指在人与社会的和谐、人与自然的和谐、个体身心的和谐之中所体会到的自由、自然与安畅，是深刻反思人生之后所达到的一种很高的精神境界，是儒家最高层次的精神境界。

（五）现代西学东渐带来的"和谐"思想

19世纪中叶以后，随着中国封建制度的解体，当时以儒学为代表的传统"和谐"思想走向了衰落。世纪之交，戊戌变法志士号召人们去冲破封建礼教的罗网，传统文化在西方经济、政治、文化的冲击下，遭到了激烈的批判，从而到了不进行变革就无法继续生存下去的局面。20世纪20年代以后，在西方文化的冲击下，思想界开始思考如何继承和发扬中华文明的优秀传统，以保持民族的自主精神等问题。这时，人们在汇通中西方文化的前提下，也用西方的"和谐"思想来解释传统儒学，发扬民族传统文化，使其在当代人的思想道德修养和民族主体意识的养成和确立方面，发挥积极的作用。

由此可见，中国传统文化的核心是儒家的"和谐"思想。中华文明之所以可以生生不息，中华民族之所以可以屹立于世界民族之林，离不开我国传统文化中的"和谐"思想、"和谐"精神。我国传统文化中的"和谐"理念，集中体现了传统文化的核心精神，是一笔弥足珍贵的历史文化遗产。

三、"和谐"思想的内涵

中国传统文化中蕴涵着丰富的"和谐"思想，"和谐"是世间万物生存和发展的根源，它的基本内涵如下：

（一）中庸之道

"中庸之道"是儒家思想的主要理论之一，也是人与人之间处理关系的一种最基本的思维方式和行为准则。孔子创造性地提出"中庸"一词后，经弟子子思的阐述，最终成了儒家道德规范中最高等级的原则。它的核心意义是要掌握适当的度，注意把握分寸，不要片面、极端地解决问题，主张用适当的折中方法来解决矛盾双方的问题，使得达到双方的共赢和利益最大化，从而达到儒家思想中"太和"的理想境界。

"中庸"一词中的"中"的含义就是中正、适中、合宜。在《中说》一书中，思想家王通先生提道："大哉，中之为义，在《易》为二五，在《春秋》为权衡，在《书》为皇极，在《礼》为中庸。谓乎无形，非中也。谓乎有象，非中也。上不荡于虚无，下不局于器用。惟变所适，惟义所在，此'中'之大略也。"这对于"中"的解释就非常全面了。

而"中庸"一词中的"庸"字，一般可包含三种含义。《礼记·中庸》一书提道："执其两端，用其中于民"，这里所提到的"用"字，就是最简明的"庸"的第一含义了。而《礼记·中庸》还提道："庸，常也。用中为常，道也"。这里的"庸"字的意思就有别于前者，是用中作为常道来遵守的意思，这是"中庸"之道的深一层的含义。《礼记·中庸》还提道"极高明而道中庸"，这里的"庸"字是平常的意思。是说人只有做到了"中庸"，才可称为"极高明"也，表明能够洞察万事万物，通观古今。

有一部分人武断地认为"中庸"就是和稀泥的意思，是一种折中主义的表现，这些实际都是把"中庸"给误解了。"中庸"之意不同于"折中"，"折中"一般被认为是妥协让步的无能表现，是对不同意见的中和。而"中庸"之意是指力争上游的勇于进取的哲学思想，它强调的是为了达到更好的目标，而从实际出发，选择适当的角度来分析看待事物的本质。孔子曰："君子和而不流，强哉矫！中立而不倚，强哉矫！国有道，不变塞焉，强哉矫！国无道，至死不变，强哉矫！"由此可以看出，孔子所提倡的"中庸"思想是在反对不守礼制、不守原则的基础上，为了"和"而求和的做法，这样只会使事情趋向非理性化。在《中庸》一书中提倡的是"执两用中"的儒家思想。其中"执"可译为把握的意思，指正确地把握阴阳两极和矛盾的两方面；而"用"则解释为运用，就可解释为要运用"中"的思想来正确化解矛盾双方的矛盾。而"中"又可解释为"度"，即把握好度，不要过激、也不要不及。综上所述，以适中为度、以和谐思想为最高意境，是儒家和谐观的重要组成部分。孔子就是用"持中"的思想，来实现价值观的多元化的，因为孔子一直认为："和"包含着"中"的含义，持"中"就能拥有"和"的理念。

"执两用中"的关键，就是真正做到"执两"这一步，即要准确把握住事物双方的矛盾根源所在。"执两"是"用中"的前提与理论依据，不能"执两"，就不可能谈后来的"用中"，不能把握矛盾的根源所在，就不能有效地调节这个矛盾的本身。"执两用中"所说的，不是一部分压倒另一部分，而是要调节两部分之间的矛盾。这样就可分析出"中庸"与"和谐"是相互作用、相互依存的，"和谐"也就是"中"与"和"两者结合的有机统一体。

（二）和生万物

"和合"是一切事物存在与发展的基础，《吕氏春秋·有始》认为，"夫物合而成，离而生，知合知成，知离知生，则天地平矣"。意思是说，天地的和合是万物生存的根本，和合而成，别离而生，这是人类社会发展的客观规律。它和盘托出了天地自然与人事活动相互依存、相互统一的辩证关系。有所谓"和实生物、和生万物"，这是对"和合"思想最基本特征的揭示，这种境界有着丰富和深刻的内容。事物的生成与存在需要多种因素、多种要素的相互作用、共同推动，如果事物要生存下去，或者新的事物要产生，就需要有"和合"。

（三）和而不同

"和合"这种境界，从根本上说是一种多元与开放的状态。这种状态，就自然本身而言，是自然世界的和谐而有序的运行；就人之生存而言，是指个体的身心处于的一种和谐而安宁的状态；在价值观方面，是允许多元价值并存；就人与人而言，是人与人之间的和睦与友爱；就人与自然而言，是人与自然的协调与合一；就人与社会而言，是人之融于社会。

孔子说："君子和而不同，小人同而不和。"杨伯峻的解释是，"君子用自己的正确意见来纠正别人的错误意见，使一切都恰到好处，却不肯盲从附和。小人只是盲从附和，却不肯表达自己的不同意见"。李泽厚的解释是，"

君子和谐却不同一，小人同一却不和谐"。"和"的前提是承认、允许彼此有差异、有区别、有分歧，然后使这些差异、区别、分歧调整、配置、处理到某种适当的位置、情况、结构中，于是各得其所，而后整体便有"和"。冯友兰说："和是调和不同以达到和谐的统一。""同与异是不相容的。和与异不是不相容的，相反，只有几种异合在一起形成统一时才有和。""'和而不同'既是文化观，又是古代哲人发现的关于人类思维发展的规律，它形象而扼要地表述了我国古代思想文化多样性和同一性的辩证关系。""'和而不同'这一命题本身就表明'和'包含着差别和对立，包含着革新和发展。因此，文化思想中的'和而不同'是一种继承前人文化思想并有所创新和发展的进步的文化观。"

（四）天人合一

"天人合一"在中国传统思想文化中占有重要地位。它不仅仅是中国传统文化中的最具代表性的观点，而且还体现了中国传统哲学思想的本质特征。"天人合一"思想是把中华文明中"和谐"的思想观念，运用在人与自然界和谐相处上的突出表现。

中华文明中，对"天人合一"有很多种不同类型的阐述。大致可分为下列三种："天人感应""天人相分"和"天人和德"。"天人感应"的思想，最早可追溯到西周时期，那时出现了人、神之间的感应。西汉时期，董仲舒提出了带有神秘色彩的天人感应思想。他认为"天"最大，无所不能，是神的化身，它能了解到人世间的所有事情，并对正在发生的事情进行干预或调节，使其按照神的旨意来进行，人是不能违背天意的，如果人违背了天意就会受到神的惩罚。这种以人神论为基础的天人感应思想，在汉朝一直占据着统治地位，但是现在采用科学的哲学观来分析，这种消极的、不切实际的思想是不正确的，现在应该正视它的负面影响。

孔子强调，"人道"源于"天道"，表明人们行事应该遵从天意。人与自然界的和谐相处主要表现在人与自然界之间相互影响、相互作用的复杂关系上。古人云："惟天为大，惟尧则之。"这主要是讲，人们一定要按照大自然的规律来办事，尊重大自然、善待大自然。

与儒家希望从大自然中索取来实现人与自然的和谐发展的思想不同，道家认为，应该从相反的方向来实现人与自然的和谐发展。道家认为，既不是人来主宰自然的，也不是自然来奴役人的，人是自然组成的一部分，人属于自然界的单元体。道家思想实际上更注重"天、地、人"三者之间的和谐统一。庄子认为，"天地与我共存，而万物与我为一""不以人助天"，即大自然与人类原本就是共同存在的，二者间是和谐发展的良性关系。"不以人助天"实际就是要求人们克服自身的欲望，顺应自然法则。虽然这种观点在当代来看有着一定的消极意味，但在现实社会还是具有一定的现实意义的。

"天人合一"思想到了宋明时代，发展到了顶峰。张载以宗教性的博爱思想来分析，认为人与天地万物应合为一体。

四、"和谐"思想的内容

（一）人自身内部的和

中国传统文化对个人的身心和谐十分重视，即身体与精神、外在与内在、行为方式与价值预期之间要实现高度的协调和统一。儒家要求人们三省吾身，从而进入一种高尚而又和谐的人生境界。故此，儒家十分重视修身作用，认为天下的人都应以"修身"为本。其中对于"君子"即儒家心目中的理想人格形象，更是提出了具体的要求。以孔子的"君子"标准为例，他提出君子有"三戒"："少之时，戒之在色；及其壮也，戒之在斗；及其老也，戒之在得。"君子又有"四绝"："毋意、毋必、毋固、毋我。"君子又有"五美"："君子惠而不费，劳而不怨，欲而不贪，泰而不骄，威而不猛。"君子又有"九思"："视思明，听思聪，色思温，貌思恭，言思忠，事思敬，疑思问，忿思难，见得思义。"道家主张"冲气以为和""和其光，同其尘"，要求人们擦去世事纷争落在自己心灵上的俗尘，以一颗淡泊明净的心灵看待外物与自己。老子说："载营魄抱一，能无离乎？"又说，"塞其兑，闭其门，挫其锐，解其分，和其光，同其尘"，强调以开阔的心胸与无偏的心境去看待一切，从而达到个体身心的和谐。佛教提出要通过"修善持戒"和"心性修养"，规范个人德行，纠正动机，并通过正心、修心、净心，去除贪欲、恶念，最终达到意行一致，身心和谐。

（二）人与人关系层面上的和

中国传统文化以人为本位，以和为最高价值。在人与人的关系上主张以和为贵，宽和处事，从而创造人际和谐的环境，追求以和谐为目标的大同社会。孔子提出，"君子和而不同，小人同而不和"；又说"君子矜而不争，群而不党"，其意是说，保持和谐而不结党营私，行为庄重而不与他人争执，善于团结别人而不搞小团体才称得上是君子。在这里，孔子区别了"和"与"同"两个概念。"和"是多样性的统一，"同"是一味地附和乃至结党营私。君子应取前者而弃后者。孟子甚至提出"天时不如地利，地利不如人和"，把人和提到了至高无上的地位。他还提出"老吾老以及人之老，幼吾幼以及人之幼"

"老有所终，壮有所用，幼有所长，鳏、寡、孤、独、废疾者皆有所养"等有关人和的思想。以孔孟为代表的儒家还提出了仁、义、礼、智、信、勇、忠、孝等一系列旨在实现"人和"及社会和谐的道德原则，提出了建设大同社会的远大理想。宋代张载在《正蒙》中首先使用了"天人合一"概念，并提出了"民吾同胞，物吾与也"的思想，意即人类是我的同胞，天地万物是我的朋友，天与人、万物与人类本质上是相通的。

在《道德经》中，老子不仅给人描绘了一个无欲、无为、无争的理想社会，还提出了"天之道，损有余而补不足，人之道，损不足以奉有余。孰能有余而奉天下，唯有道者"，即人要效法天道，以实现人与人之间的和谐。

（三）人与社会关系层面上的和

中国古代和谐思想源远流长，早在春秋时期就有了"和实生物，同则不继"之说，认识到和是万物生存的基础，所谓和就是不同的因素、成分相互作用，以一定的关系构成和谐的整体，这是一切事物存在的基础。在人与社会的关系上，基本上形成了儒家偏重于"有为而治"、道家偏重于"无为而治"的两种治理模式。儒家的"有为"主要包括，导之以镕、齐之以礼、和之以乐、辅之以法、任之以贤、使之以惠等一系列旨在实现"人和"，进而达到社会和谐的措施，强调要把民众放在首位，爱民、重民、惠民、乐民，爱惜民众，广施仁爱，方能赢得民心。例如，政治上，提出宽猛相济、德刑并用、德主刑辅。经济政策上，主张"富民""惠民""不患寡而患不均"，主张缩小贫富差距及反对统治者赋敛无度。老子从万物的本原"道"出发，推演出其治世良方，即按事物自身应有的规律办事，不要人为地干涉事物的发展，在实践层面上要求统治者不要为所欲为，执意妄为，统治者应该"我无为而民自化，我无事而民自富"，从而实现统治者与被统治者之间和谐共存。老子尤其反对肆意扰乱民众的生活，倡导让民众按其自然本性过日子。如果时时干扰老百姓的生活，让老百姓无所适从，那样最终只会失去天下。"无为故无败，无执故无失"说的就是这个道理。

除此之外，墨子提出了"兼相爱，交相利"，认为兼爱互利是为治之道，强调此是"圣王之法，天下之治道也"。先秦思想家把和作为最高的政治伦理原则，作为政治理念要达到的最高境界。

（四）人和自然关系层面上的和

许多中国古代哲人提出了"天人合一"思想，强调处理好人与自然的关系，要尊重自然，保护自然，以实现人与自然的和谐发展。儒家在天人关系方面提出了"合而为一"的思想，道家提出了"天人合一"的观点，虽然角度不同，领域不同，但"和合"的本质是一致的："天地有情而万物为一，圣人感人心而天下和平"，要实现人与自然的和谐发展。对此，道家提出了最深刻、最完美的生态智慧。

他们强调，人类要以尊重自然规律为最高准则，将崇尚自然、效法天地作为行为的基本依归。反对一味地向自然界索取，反对片面地利用自然与征服自然。老子认为，生物来源于自然，人亦来源于自然，人和生物必须在自然给予的条件下求得生存。生态系统是"道"循环运动的产物，道生之，德畜之，物形之，势成之。道缔造了生物，德养育了生物，生态遵循道所固有的规律运动，循环往复，周而复始、生生不息。他提出人要尊重自然，崇尚自然，效法天地。"人法地，地法天，天法道，道法自然。"按照他的无为学说，一个人应该把他的行为严格限制在必要的、自然的范围内。"必要的"是指对于一定的目的是必要的，绝不可以过度。"自然的"是指顺乎个人的德行，不做人为的努力。庄子也强调人必须顺应自然，达到"天地与我并生，而万物与我为一"的境界。

传统思想文化中的"和谐"思想，涉及人与自然、人与社会、人与人等各个方面，它对人与人之间和睦相处、维持社会的安定和谐、推动各民族融合发展发挥了不可或缺的作用。在落实科学发展观、构建社会主义和谐社会的今天，"和谐"思想对我们处理人与自然、人与人、人与社会的关系依然具有很好的借鉴意义。

（五）国家间、民族间的和

在民族间、国家间的关系上中国传统文化主张和谐共处，协和万邦。《尚书·尧典》说，"百姓昭明，协和万邦"；《周易·乾卦》说，"首出庶物，万国咸宁"，即主张万邦团结，和睦共处。孔子提出"四海之内皆兄弟"，又说，"远人不服，则修文德以来之，既来之，则安之"，主张以文德感化外邦，反对轻率地诉诸武力。孟子提出"仁者无敌"，主张"以德服人"。

第二节　中国和谐传统的德育价值

中国传统文化之精华——"和谐"思想意在促进人与人、人与社会、人与自然及个人内在的身心关系的和谐统一，进而构建理想的"大同社会"。在中国古代，道德的基本内涵是人们在共同社会生活中约定俗成的行为规范的综合，它同和谐具有高度的一致性。可见，和谐不但是中国传统伦理道德的基本属性，而且是中国传统伦理道德建设的根本价值取向。

一、中国传统伦理道德中的"和合"价值取向

（一）"天和"——传统伦理道德的最高目标

所谓"天和"，也称"天道"，就是指要尊重生命、遵从自然法则，达到人与自然的和谐、共生。中国传统和谐思想以"天人合一"即"天和"为最高目标。《易经》提出"夫大人者，与天地合其德"的思想，认为天地之德在于生育万物，而人类之德则在于保障万物的生生不息；《中庸》中说，"万物并育而不相害，道并行而不相悖"；荀子也认为"万物各得其和以生，各得其养以成"，强调天地万物都是相辅相成的，是相互依存的有机体；道家思想更加强调天人合一，天道自然的观念，认为天道的本性为和谐，人道应效法自然之天道，强调"天地与我并生，而万物与我为一"。

（二）"人和"——传统伦理道德的重要目标

所谓"人和"，也称"人道"，就是指要坚持做人的基本准则，达到人与人及人与社会的和谐统一。中国传统和谐思想以仁爱思想为核心。仁是儒家思想的核心，是"人和"的最高准则。孔子认为，仁的基本要义和精神实质就是爱人，故具备仁德者应坚持"忠恕"之道，"己欲立而立人，己欲达而达人""己所不欲，勿施于人"。爱人从"我"出发，自己怎样对待自己，也就应该怎样对待别人。孔子提出"小人同而不和，君子和而不同"的命题，追求"和合"的君子境界，主张社会中的人际关系要和谐。中国传统儒家思想的另一代表人物孟子提出了"父子有亲，君臣有义，夫妇有别，长幼有序，朋友有信"的"五伦"思想，成为中国传统和谐伦理思想中处理人际关系的非常重要的伦理规范。孟子还提出"正人先正己"的主张，以此来处理人与人之间的矛盾冲突，强调"与人为善"，每个人都应在良好的伦理氛围中改过自新。在处理人与社会的关系问题上，中国传统伦理思想提倡以"家和"为基础，以"天和"为目标，"父子笃，兄弟睦，夫妻和，家之肥也。大臣法，小臣廉，官职相序，君臣相正，国之肥也"。

（三）"心和"——传统伦理道德的基础目标

我们所说的"心和"，就是通过个人的修炼来达到自我身心的和谐统一。"心和"是"天和""人和"的基础和前提，没有人的身心的和谐，人与自然就不可能和谐，人与人也不可能和谐。"心和"是中国传统和谐思想追求

的首要目标。"心和",即人自身的身心和谐,它既指人自身形态与精神之间的和谐,又指人的精神秩序或社会意义上的和谐宁静。

中国传统伦理思想强调人的身心协调,强调修身养性,追求高风亮节的思想境界,提倡人要做到不以物喜,不以己悲,保持一种豁达淡然的心态。

二、中国传统"和谐"伦理及其实践的反思

(一)积极意义

中国传统伦理的和合精神,融思想观念、思维方式、行为规范、社会实践、社会风尚为一体,反映着人们对社会伦理秩序的总体认识、基本理念和理想追求,是中国传统伦理乃至传统文化的核心内容和内在本质。郭齐勇说,儒家"伦常之道,有助于社会秩序化、和谐化、规范化,其生聚教训之策,更足以内裕民生而外服四夷"。中国传统伦理特别是其中的和合精神经过长期积淀和发展,已经深深地融入中华民族的血脉之中,成为中华文明的基本特性和独特价值,具有重要的社会作用。

1. 维护与加强了中华民族的团结

比较重视人与自然、人与人之间的和谐统一是中国传统文化中一个一以贯之的重要内容,这有利于维护和促进中华民族的团结统一。正如1993年第三届"中华民族精神与民族凝聚力"国际讨论会纪要指出的那样:"源远流长的和谐意识是中国社会自秦以来高度统一的重要原因之一。"有学者把中国传统文化重视和谐与统一的特点界定为"中华和合文化",并认为:"中华民族已经形成了运用和合概念与和合文化研究自然界的生成和人的生成,研究事物发展变化的规律,研究人与自然和人与社会的关系,研究人的身心统一规律和养生之道的文化传统。"和合伦理精神所产生的强大的向心力、凝聚力、整合力和生命力,调和了人与人、族与族的诸多关系,孕育了中国多元一体的民族共处格局,促进了中华民族大家庭的发展。

2. 推动了中国古代的生态文明建设

在"天人合一"伦理思想影响下,中国很早就产生了保护生态环境的思想,诸如遵循自然规律进行劳作;广泛保护珍稀野生动植物;适度开发自然资源,维护生态平衡,使自然资源得以永续利用等。在这种思想的指引下,中国古代还通过设置专门的政府机构、颁布律令等方式保护自然资源与生态环境。另外,还较早建立"自然保护区"对环境进行卓有成效的保护。

古代"天人合一"伦理思想以及生态文明建设所导致的结果是孕育了中

国古代发达的农耕文明，为中华民族繁衍生息奠定了坚实的物质基础。同时这种人与自然和谐相处的伦理价值取向，也深深地影响着中国古人的审美情趣和审美价值。比如向往脱离世俗、归隐山林的生活情趣；崇尚人工与自然融为一体的园林建筑美感等。这些审美情趣和审美价值深深影响着中华民族，直到今天。

3. 促进了民族精神的形成和发展

以"三纲五常"为核心的中国传统伦理道德的长期推行和实践，有力地促进了民族精神的形成和发展。

首先，传统伦理以"求道即求真—自强不息的精神"为终极目标，儒家注重积极有为的人生实践，儒家求道、求真、求诚的价值本体论培育了中华民族自强不息的民族精神。

其次，传统伦理追求"求善与求美—讲道德重教化的精神"，培育了中华民族讲道德、重教化的民族精神，为中国人树立"仰无愧于天，俯无愧于地"的正人君子观念、建立道德观念、协调人与人之间的伦理关系起到了根本的指导作用。

最后，传统伦理推崇的理想社会是一个天下为公的小康社会和大同社会："大道之行，天下为公。选贤与能，讲信修睦。故人不独亲其亲，不独子其子，使老有所终，壮有所用，幼有所长，鳏寡孤独废疾者皆有所养。"这培育了中华民族团结统一的精神。

4. 抚慰与安顿了人们的心灵和精神家园

中国传统伦理特别强调修身的重要性，始终从"自我"角度出发，达到"仁"的境界。这可以从《论语》和《菜根谭》两部伦理学典籍中得到充分的证明。其中《菜根谭》说："处世让一步为高，退步即进步的张本；待人宽一分是福，利人实利己的根基。"中国古代所有的道德文章，几乎毫无例外地规劝人们要"厚德载物，雅量容人"。

比如《礼记·礼运》说："何谓人义，父慈、子孝、兄良、弟悌、夫义、妇听、长惠、幼顺、君仁、臣忠，十者谓之十义。""十义"均强调从内敛、克己出发，通过修身养性，达到心平气和的境界，做到"己所不欲，勿施于人""己欲立而立人，己欲达而达人"，实现人的内心和谐以及人与人之间的和谐。

5. 维护了社会秩序，推动了社会经济发展

客观地讲"三纲五常"对调节人与人、人与社会的关系，以及维护社会秩

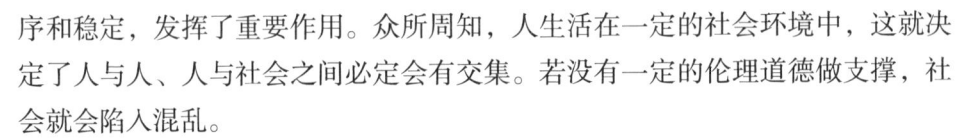

序和稳定，发挥了重要作用。众所周知，人生活在一定的社会环境中，这就决定了人与人、人与社会之间必定会有交集。若没有一定的伦理道德做支撑，社会就会陷入混乱。

"三纲五常"提出后，以其重视人伦价值、重视等级秩序、重视家庭的集体价值，有力地维护了封建社会秩序，对人民安居乐业、经济社会向前发展起到了十分重要的促进作用。中华民族以坚韧不拔的毅力和勇于探索的智慧，书写了波澜壮阔的历史画卷，创造了同时期世界历史上极其灿烂的物质文明与精神文明。万里长城、大运河、故宫等各式各样的文物，无不体现出大胆、精湛的生产工艺；同时，在思想文化、科技领域产生了无数杰出人物，创造了无比伟大的业绩；而包括指南针、造纸术、火药和印刷术等四大发明在内的无数科技成就，更使全人类获益匪浅。能取得这些成就有很多原因，但毫无疑问，以"三纲五常"为核心的伦理道德应该说起到了十分重要的作用。

6. 维系与强化了中国式的家庭秩序和家族制度

我国传统社会是建立在亚细亚生产方式基础之上的社会形态，它与西欧社会伦理的重要区别之一在于，中国传统文化重视家庭伦理构建，西欧传统文化重视区域伦理秩序。正如有的学者指出的那样："中国国家起源于亚细亚方式，家庭是它的根基，故伦理思想极为重视调节家族内部关系，可以称之为家族主义伦理；西方国家起源于雅典式，它打破血缘家族关系进入国家，故而伦理思想十分重视调节个人和地域群体的关系，可以称之为地域主义伦理。"中国传统伦理把家庭伦理置于社会伦理之上，把家庭道德规范看成首要的伦理原则。《孟子》强调："父子有亲，君臣有义，夫妇有别，长幼有序，朋友有信。"其中有三个伦理关系属于家族内部的道德规范。《礼记》所列出的"十义"中，有八个道德规范是调节家庭内部成员关系的。董仲舒提出的"三纲"中有二纲属于家庭伦理。

《大学》提出"家齐而后国治，国治而后天下平"，把家庭伦理看成社会伦理的基础，甚至看成"平天下"的基础。家庭伦理的出发点是和合，即"家和万事兴"。这种思想在明代洪应明所著的《菜根谭》中得到了集中反映。该书写道："天地不可一日无和气，人心不可一日无喜神。""家庭有个真佛，日用有种真道，人能诚心和气，愉色婉言，使父母兄弟间形骸两释，意气交流，胜于调息观心万倍矣。"由此可见，和合精神始终是家庭伦理的根本主旨。和合精神指导下的家庭伦理，维护了中国传统家庭秩序，强化了中国传统宗法制度，也为社会奠定了稳固根基。

（二）消极影响

中国传统"和合伦理"的提出和推行，本身就是为了维护封建统治秩序，在看到其积极作用的同时，也应看到其消极意义。中国文化中的精华长期被扭曲，在"和合伦理"的长期推行下，过分强调和合的表象，导致了四大弊端：等级观念、混沌思维、家族本位、缺乏实证。与此同时，中国人在"和合伦理"的指导下，片面强调"一团和气"，甚至是江湖义气，重人事轻科技，等等。而和合精神的最大缺点就是缺乏创新。这与现代社会的要求格格不入，必须予以抛弃。

第三节　现代高校德育目标的构建

一、德育目标的历史发展

德育目标是一种教育设想和教育理想，体现了对未来人思想道德面貌的期望，反映了不同社会或同一社会不同发展阶段的社会要求，应既具有超前性、理想性，又具有现实性和可行性。德育目标是"学校德育在特定阶段中培养学生政治、思想、道德品质应达到的规格要求"。人们关于教育对象应有的德性修养的预想，是一种关于德育过程预期结果的价值取向，根植于社会生活的不同需求。高校德育目标是高校培养目标的重要组成部分，是德才兼备、全面发展人才目标的重要内容。所以，有什么样的人才培养目标，就有什么样的德育目标。尽管高校德育目标在不同历史时期的侧重点有所不同，然而，它们都在培养德、智、体全面发展的人才方面发挥了重要的导向作用。

随着中华人民共和国的成立，中国高等教育的发展也由此翻开了新的篇章。在崭新的社会环境下，高校德育必须进行历史性的转型并发生质的变化。中华人民共和国成立初期，实施的是新民主主义的文化教育，并进行向社会主义教育转化的文化改造。为了贯彻过渡时期总路线的精神和实施全面发展的教育方针，时任教育部副部长的董纯才提出，"思想政治教育的任务是，要以社会主义的思想、马克思列宁主义的思想来教育学生，使他们建立社会主义政治方向"。高等教育部也提出，高等学校要"不断提高学生的社会主义觉悟，培养学生的马克思列宁主义世界观和共产主义道德品质"。

这表明，教育部和高等教育部在关于德育教育工作的指导思想上已经开始转变，即由"进行新民主主义的德育教育"，转变为"以社会主义思想教育学生"，强调了教育的社会主义方向。1956年，国家完成了"三大改造"，社会主义基本经济制度确立。为了体现高等教育服务于社会主义建设的需要，我国确定的高校德育目标是，高等学校的基本任务是适应社会主义建设的需要，培养具有一定马克思主义水平和实际工作所必需的基本知识、掌握科学技术的最新成就和具备理论联系实际的能力，并且身体健康、忠于祖国、忠于社会主义事业和准备随时保卫祖国的高级专门人才。1961年，在总结三年来高等教育工作的经验和教训的基础上，为了更好地培养坚定的共产主义者和社会主义建设者，我国确定的高校德育目标是，"具有爱国主义和国际主义精神，具有共产主义道德品质，拥护共产党的领导，拥护社会主义，愿为社会主义事业服务，为人民服务；通过对马克思列宁主义、毛泽东著作的学习和一定的生产劳动、实际工作的锻炼，逐步树立无产阶级的阶级观点、劳动观点、群众观点、辩证唯物主义观点"。这些高校德育目标的确立，一度为中华人民共和国新生力量的培养起到了较为正面的引导作用，培养了一批政治素质与国家建设和社会发展需要相符合的高级人才。1964年以后，各高校更是致力于开展把大学生培养成"革命接班人"的运动。

改革开放以后，高校德育目标转变为为人和社会的全面发展服务，高校德育既要为经济建设这个中心服务，又要推进社会的全面进步，促进人的全面发展。1978年4月召开的全国教育工作会议，重申并肯定了"应该使受教育者在德育、智育、体育几方面都得到发展，成为有社会主义觉悟的有文化的劳动者"的培养目标。同年10月，在对1961年颁布的《教育部直属高等学校暂行工作条例》（简称"高教六十条"）进行修订的基础上，颁布了《全国重点高等学校暂行工作条例（试行草案）》。该条例规定：高等学校学生的培养目标中的德育要求是"具有爱国主义和国际主义精神，具有共产主义道德品质，热爱中国共产党，热爱社会主义，自觉自愿为社会主义事业服务，为人民服务"，"通过对马克思列宁主义思想的学习和参加三大革命运动的实践，逐步树立无产阶级的阶级观点、劳动观点、群众观点、辩证唯物主义观点，提高无产阶级专政下继续革命的觉悟"。该目标强调了学生的政治思想素质，强调人才培养的社会主义方向。

党的十一届三中全会后，我国走上了改革开放的振兴之路。1980年4月，教育部、共青团中央颁布的《关于加强高等学校学生思想政治工作的意见》，虽然没有对高校德育目标做专门的表述，却指出高等教育为了适应改革开放和"四化"建设的需要，必须努力培养又红又专的人才。学校的教育工作必须紧密结合为"四化"培养人才这个中心来进行，"要旗帜鲜明地对学生进行系统的马克思列宁主义基本原理的教育、革命理想教育、共产主义道德品质教育，培养学生运用马克思主义的立场、观点、方法分析问题和解决问题，逐步树立辩证唯物主义的世界观"。随后，党的十二大提出的社会主义精神文明建设应以共产主义思想为核心，以及"教育要面向现代化、面向世界、面向未来"，培养有理想、有道德、有文化、有纪律的"四有"新人，标志着高校德育目标的重新确立。

1987年5月，为了适应当时深化改革、扩大开放和加快社会主义现代化建设步伐等新形势的要求，进一步加强和改进学校德育工作，《中共中央关于改进和加强高等学校思想政治工作的决定》（以下简称《决定》）下发，确定了我国高等学校的德育目标："高等学校培养出来的大学生、研究生，应具有坚定正确的政治方向，爱祖国、爱社会主义，拥护共产党的领导，努力学习马克思主义；应当热心于改革和开放，有艰苦奋斗的精神，努力为人民服务；应当自觉地遵纪守法，有良好的道德品质；应当勤奋学习，努力掌握现代科学文化知识。还要从他们中间培养出一批具有共产主义觉悟的先进分子。"《决定》对德育目标的界定相对以往有了新的发展，有比较明确的高校德育目标的内容表述。同时，对大学生既提出了基本的德育目标，又提出了先进性的德育目标，改变了过去德育目标缺乏层次性的弊病。这种德育目标分层的设想后来也被吸纳到高校德育大纲的目标制定中。到了20世纪80年代末期，由于整个社会环境的影响，高校理论界对大学德育的目标及内容的定位，出现了较大的分歧。分歧的一方认为大学德育就是要旗帜鲜明地宣讲"四项基本原则"；另一方认为德育应淡化政治，摒弃传统的德育方法（指灌输）。

进入20世纪90年代以后，高校德育一度进入了反思和调整期。在社会主义市场经济体制逐步确立、改革深入进行以及经济全球化的背景下，大学生中又涌现出了许多新的问题。针对社会普遍出现的社会道德水准下降等现象，培养和提高大学生的基本道德素质一度成为高校的重要任务和目标。随着素质教育思想的提出和实践，以素质教育为中心的高校德育目标体系得到进一步丰富、深化和完善，形成了以提高素质为中心、全面科学的德育目标体系。

1993年出台的《中国教育改革和发展纲要》指出："用马克思列宁主义和建设有中国特色的社会主义理论教育学生，把坚定正确的政治方向摆在首位，培养有理想、有道德、有文化、有纪律的社会主义新人，是学校德育即思想道德和品德教育的根本任务。"在此基础上，1995年11月国家制定并颁布的《中国普通高等学校德育大纲（试行）》（以下简称《大纲》），第一次从德育学科规范化发展的角度明确规定德育目标是，"使学生热爱社会主义祖国，拥护党的领导和党的基本路线，确立献身于有中国特色社会主义事业的政治方向；努力学习马克思主义，逐步树立科学的世界观、方法论；走与实践相结合、与工农相结合的道路；努力为人民服务，具有艰苦奋斗的精神和强烈的使命感、责任感；自觉地遵纪守法，具有良好的道德品质和健康的心理品质；勤奋学习，勇于探索，努力掌握现代科学文化知识，并从中培养一批具有共产主义觉悟的先进分子"。同时，《大纲》还就高校德育目标提出了十个方面具体的规格要求，形成了一个系统完整的德育目标体系。《大纲》的颁布，是对中华人民共和国成立以后几十年高校德育实践经验的总结和理论上的概括，是新形势下高校德育开展的根本依据。

1998年，为了发展高等教育事业，实施科教兴国战略，促进社会主义物质文明和精神文明建设，8月29日通过的《中华人民共和国高等教育法》指出："高等教育必须贯彻国家的教育方针，为社会主义现代化建设服务，与生产劳动相结合，使受教育者成为德、智、体等方面全面发展的社会主义事业的建设者和接班人。""高等学校的学生应遵守法律、法规，遵守学生行为规范和学校的各项管理制度，尊敬师长，刻苦学习，增强体质，树立爱国主义、集体主义和社会主义思想，努力学习马克思列宁主义、毛泽东思想、邓小平理论，具有良好的思想品德，掌握较高的科学文化知识和专业技能。"这些提法在很多场合也被视为高校德育目标。

在2004年发布的《中共中央国务院关于进一步加强和改进大学生思想政治教育的意见》中，可以看到对德育目标的新认识，即"以大学生全面发展为目标，深入进行素质教育，促进大学生思想道德素质、科学文化素质和健康素质协调发展，引导大学生勤于学习、善于创造、甘于奉献，成为有理想、有道德、有文化、有纪律的社会主义新人"。这一目标充分肯定了高校德育能够满足社会发展的需要和促进个人发展的统一性。事实上，面对网络时代，高校德育要实现既定的目标，就不能因循守旧，模式单一，必须采取积极的应对措施，在教育观念、教育方式甚至在教育实践中积极改革，不断拓展德育工作的领域，放眼世界，展望未来。

习近平总书记在2019年召开的学校思想政治理论课教师座谈会上指出，"思想政治理论课是落实立德树人根本任务的关键课程""思政课的作用不可替代，思政课教师队伍责任重大"。同时，习近平总书记还提出思想政治理论课改革创新要坚持"八个相统一"，其中包括"要坚持显性教育和隐性教育相统一，挖掘其他课程和教学方式中蕴含的思想政治教育资源，实现全员全程全方位育人"。这是自2016年习近平总书记在全国高校思想政治工作会议上提出"使各类课程与思想政治理论课同向同行"以来,对推进思政课程与课程思政有机结合的再次强调。

二、德育目标的价值蕴涵

德育目标是教育目标在德育领域的具体化。它在本质上是德育价值的凝结状态,是其自身前提性条件的整合统一,是德育活动的价值枢纽。德育目标层次间、域分间的辩证联结,要求我们在认识和处理德育目标时必须注意协调过程目标与终极目标、首位目标与非首位目标的关系。

德育目标,就是指一定社会对教育所要造就的社会个体在品德方面的质量和规格的总的设想或规定,是在进行德育之前,人们对于要把受教育者培养成具有何种品德的人,在观念中所具有的某种预期的结果。德育目标是从德育预期结果,也就是从受教育者所要形成的品德的角度来说明德育的作用和认识德育活动的价值的。因此,我们可以明确地说,德育目标就是对德育活动结果的具体要求,是对德育工作产品质与量的规定。这种认识在德育界是较有共识的。

(一) 德育目标的本质

德育目标本质上是德育价值的凝结状态。将德育目标置于德育价值的视域中进行考察,并不是人为的牵强附会,而是德育目标自身的要求。马克思在《资本论》中,曾对劳动实践的目的做了精辟的论述。他说,劳动过程结束时得到的结果,在这个过程开始时就已经在劳动者的表象中存在。还说,人不仅使自然物发生形式变化,还在自然物中实现自己的目的,这个目的是他所知道的,是作为规律决定着他的活动方式和方法的,他必须使他的意志服从这个目的。在这段话里,马克思阐明了目的的几个特征。第一,目的(劳动的结果)在劳动开始时就已存在于劳动者的观念之中。这是劳动者对劳动结果的理想性的观念设计。它是主体实践的动力与指令,也是主体实践所追求的理想成果。第二,这个目的必须通过实践"物化"到自然实体中,并使实体发生改变,以实现自身目的。第三,目的应当是规律的反映,规律决定着主体实践的方式和方法。主体认识到规律后,即按此规律去实现自己的目的。

可以这样认为,所谓"目的",就是主体根据客观规律和主体需要或对内在尺度的认识而提出的并努力为之实践的未来客体的模型,或者观念中设计的未来行为的理想结果。目标,是目的的具体化和规范化。目的的实现过程也就是价值的创造过程。目的牵引着价值创造及创造的方向,目标凝结着价值的理想状态。从这个意义上讲,对德育目标的考察必须联系德育价值问题,以实现德育目标本性的回归。相反，离开价值论来谈论德育目标，以通常所说的"社会"的"设想或规定"，或者直接将德育目标确定为对"培养学生的思想品质所做的规定"，往往易产生德育目标上的命令主义或权威主义的歧义。从历史的经验来看，这种担心不是没有根据的。德育目标离开价值论的根基，也易成为无根之萍，随社会风波或政治风向飘来飘去。

德育目标作为德育活动中德育价值的凝结，其规定性在根本上取决于自身的特点。也就是说，只有依据德育目标自身的本质特点，才能给出相对完善的界定。因为从德育价值论来看，德育目标无疑是观念中设计的未来德育行为的理想结果。然而，德育主体对德育规律和主体需要或内在尺度的认识，总是受到社会现实条件的限制，德育目标只能是一定社会现实背景下的德育价值理想的凝结。因而，要想深入探讨德育目标问题，就要进一步研究德育目标确定的前提性条件。

（二）德育目标是其自身前提性条件的整合统一

德育目标的确定，并不是任由人们提出就能够保证其正确性、合理性的，而是必须依据其自身前提性条件的整合统一。这主要包括如下三个方面。

1. 坚持超越性与现实性的统一

德育目标是对未来的设想，是理想地达到德育目的的标志性模型；德育目标又是对德育现实的一种扬弃，是对德育外在价值的一种超越。因此，德育目标具有未来指向性。如果德育目标无超越性与未来指向性，那它就失去了存在的价值和意义。同时，德育目标又有其现实根据，具有现实的可能性，是以一定历史条件下现实的主客观条件为基础的。德育目标如果失去了现实性，就会成为空中楼阁，就不可能实现，同样也会失去其价值和意义。

例如，我国古代儒家在道德教育上一贯主张克己，并制订了一系列德育目标，如"克己复礼""修己以安人""修己以安百姓"，到后期则有"灭私欲、明天理"等。这些目标都是从自身下功夫，以克己为手段，欲达到道德至善的地步。应该说，这种德育目标有其合理的一面，因为每个人都是社会中的一员，应该时时考虑自己以什么方式存在于社会。

可是，这种以"克己"为目标的德性修养，要求人们时时处处把自己当作"斗争"的对象，只注重个人对社会的适应与顺从，却忽略了对社会的超越与改造；要求人们处处克制自己以安于现实，似乎只要由己做起，一切矛盾便可以在自己身上消弭，并可由此把整个社会带入一片和谐。

2. 坚持统一性与多样性的统一

一个国家、一个民族在一定历史时期有共同的利益需要，也就是德育的共同目标。但是，德育的目标具有多样性。一是德育目标具有层次性。例如，小学、中学、大学，每一个阶段、每一学年、每一学期都有自己的德育目标。德育工作者要善于分解德育目标。二是从横向来看德育目标，又是多种类的。德育的价值有多少种，德育目标就有多少种，包括政治目标、思想目标、道德目标等。总而言之，德育目标是一个系统，是多层次、多领域、多方面的统一。各种德育目标相互联系、相互影响，要善于协调和整合各个层次、不同类型的目标，注重各种德育目标的衔接与支撑，只有明确主体，辨清主流，才能使各种具体目标服从于整体目标。

3. 坚持德育主体需要与德育规律的统一

德育目标即德育活动目的的表征。目的是主观性的。正确、合理的目的是以对客观事物发展规律的正确认识为前提的。同样，确定正确、合理的德育目的，也是要以对德育规律的正确认识为前提的。这种对德育规律的认识，包含了对社会及人自身生存发展规律的认识。

当然，这种认识是相对的，它总是要受到生产力与社会发展的制约。但只有在遵循规律的基础上，德育主体对受教育者的改造才能得以完成。因此，制订正确的德育目标，必须坚持主观与客观相统一。反之，若违背德育规律与主体需要的统一，德育目标就只能是主观与客观相分离的一种空想。

（三）德育目标是德育活动的价值枢纽

德育目标价值枢纽的地位和作用，首先表现为德育目标规定整个德育活动的价值取向。提出德育的目标是德育活动的起点，也是创造德育价值的起点。德育活动的最终目的是实现德育目标，也是创造价值的活动。德育全过程是在德育目标价值枢纽的作用下进行的，是引导德育目标实现的组织、协调、调节主体整体行为的过程。即德育主体的全部活动服从和服务于德育目标。所以，正确、合理的德育目标是实现德育价值的关键。

1. 德育目标决定着德育活动的手段

目标决定手段，手段服从于目标。广义地说，手段是主体作用于客体的一切中介的总和，包括工具、方式、方法、措施等。随着社会文明和科技的发展，人们对德育规律的认识不断深化，因而德育目的、德育手段也在发生变化。例如，在封建社会，德育目标主要是培养"忠臣孝子"，这就决定了德育手段以道德灌输为主，其德育"教材"也仅限于几百年甚至上千年以来一直使用的"经书"。在当前社会主义社会，我们的德育目标主要是培养社会主义公民，让学生树立主人翁意识，使学生成为社会主义事业的接班人和建设者。这就要求我们在德育过程中，德育手段要由灌输式向启发式、养成式过渡，德育工具也应偏向多样化。

值得注意的是，在目的与手段的关系中，不仅前者决定后者，后者也制约着前者。目的的提出要以一定的手段为前提，因为手段是实现目的的必要条件和保证，没有一定手段的配置，目的就不能实现。在我国社会主义市场经济初步确立并逐步完善的背景下，如何建构并实施与社会主义德育目标相配套的手段，完成对传统德育手段的更新、改造，是当今德育工作的一项重要任务。

2. 德育目标直接影响德育活动的价值归宿

德育目标是在活动之前（或者至少是在活动初期）提出来的。德育目标本身的规定性表明，全部德育活动都是为了实现它，德育主体据此调节自己的一切活动。

因此，从总体来看，德育目标决定着德育活动的结果和价值归宿。当然，现实中的德育活动与活动结果的关系，并不是这么简单的决定与被决定的关系。从目标到结果的转化，是要借助一系列中介手段实现的。德育结果事实上是由德育目标与中介手段的整合作用产生的。此外，外部环境和其他复杂因素，包括受教育者的自身状态、能动性等因素，对德育活动的结果也有重要影响。

在通常情况下，德育活动结果往往存在着对德育目标不同程度的偏离。这种偏离表现为动机与效果的矛盾，即效果对动机的偏离。一方面，存在着目标被实践所否定，不能实现全部目标的情况；另一方面，也存在着达到意想不到的良好结果的情况。在这两种情况下，主体都应从实际出发，通过反馈机制相应调节、调整自己的中介手段，其中包括对德育活动的工具、方式、方法、措施以及德育目标的调整，直至最大限度地实现德育目标。德育自身也正是在这种偏差与调整中完善自身、发展自身的。

这种目标与实践的偏差又可以称为"合法的偏差"。德育目标正是在这种"合法的偏差"的推动下，寻找对德育规律和社会主体利益的契合，寻找自身对合规律性与合目的性的契合的。在"合法的偏差"下，正确的德育目标总是要成为决定德育活动结果的首要因素。

（四）德育目标层次间、域分间的辩证联结

德育目标的层次、域分问题是德育研究领域中的一个复杂问题。一般来说，在德育目标确定和实施的过程中，教育者总是自觉或不自觉地依据受教育者的心理水平、接受能力和成长发育的生理特点及思想形成规律和社会历史条件，因材施教；而且，德育目标在阐释自身时，也要求德育目标具有层次

性和域分性。所谓德育目标的"层次",主要是指德育目标在德育活动过程中,按照受教育者的特点及相应的目标要求而形成的不同水平或者不同阶段的标准。

所谓德育目标的"域分",主要是指德育目标按其内容的不同所形成的领域标准,它是德育目标在不同领域的具体体现。德育目标的层次性,体现的是德育目标的纵向划分标准;德育目标的域分性,体现的是德育目标的横向划分标准。实践表明,只有实现德育目标的层次间与域分间的辩证联结,才能真正形成德育目标的有机系统。因为同一层次的德育目标往往是由不同域分的目标构成的;同样,同一域分的德育目标又是由不同的层次连接而成的。这是德育活动的内在要求。

德育目标的层次间、域分间的辩证联结,要求我们在认识和处理德育目标时必须充分协调好两个关系,即过程目标与终极目标的辩证关系、首位目标与非首位目标的辩证关系。

1. 过程目标与终极目标的关系

终极目标是德育的总目标,是德育目标体系中所含价值最高的目标,是德育能量作用于社会的杠杆,只有它才能集中地表现出德育对社会的全部意义,因此,它在德育体系中占有极为重要的地位。过程目标是德育体系中的局部或阶段性目标。

在二者的关系中,其一,要坚持过程目标以终极目标为指导的原则。砖瓦只有用于建造大厦才能体现其自身的意义,细流只有汇入江海才能浮起巨大的航船。过程目标只有与终极目标联结起来,才能培养社会主义事业接班人和建设者的必备素质。因此,过程目标要转化成终极目标的有机组成部分,就必须以终极目标为指导原则。当然,过程目标虽不像终极目标那样在德育目标体系中占有最高地位,也不能表明德育对于社会的全部意义,但过程目标具有强烈的直接性和现实性。没有过程目标,终极目标就会成为空泛的抽象。反之,我们也不能将过程目标脱离终极目标并将其作为终极目标来追求。因为一旦失去终极目标的统摄,过程目标就失去了正确的指导,就会随着人们功利性的追求而成为盲目活动。为此,德育工作者必须树立牢固的终极目标观念,以终极目标统率过程目标,根据终极目标的要求对德育对象施加有目的、有计划的影响。

其二,终极目标要以过程目标为中介基础。因为过程目标虽是终极目标的逻辑展开,终极目标是过程目标的逻辑起点和逻辑归宿,但是,没有一定的过程目标的演绎积累,终极目标是不可能形成的。在过去的德育实践中,广大师生都抱怨过规定的德育目标过高、过于笼统、过于求全,这说明过去的德育目标过于注重总目标的确定,而忽略了对过程目标的细化与衔接。

因此,我们必须重视过程目标的制订。同时,在制订过程目标时,要注意使目标与受教育者的内在需要相结合,与受教育者的成长、思想和心理的发展层次相结合。离开了这两个结合,任何目标都会流于形式。此外,也要注意过程目标之间的衔接与连贯,以保证每一个过程目标与终极目标的逻辑一致性。

实际上,终极目标的内容和形成状况,一般都不会超过过程目标所提供的可能空间。虽然终极目标是过程目标的最终归宿,但它并非过程目标的简单集合,而是由过程目标抽象、升华而成的。

也就是说,如果忽视过程目标,只强调德育终极目标的作用,忽视人才的培养过程,或者说人才的培养急于求成,幻想人的德性修养在某一时刻突然达到理想水平,那么,最终会破坏终极目标所处位置的理想水平,这就是无源之水、无本之木。这种德育过程事实上处于盲目状态,必然会对德育工作者和受教育者造成很大的危害。

2. 首位目标与非首位目标的关系

党团组织和全体教师都要做好学生的政治思想工作。把政治方向放在首要位置,事实上就是把德育的政治目标放在德育领域分目标的首位,作为德育的首要目标。其他几个在政治目标之外的目标也就变成了非首要目标。

德育的基本内容在内涵上和实践中无疑是互相联系、互相渗透的,但其各自的本质意义又是有区别的,不能相互混淆和替代。在德育内容上,显然是将政治方面的目标当作首位目标,其他目标当作非首位目标。但是,在德育实践和德育活动中,非首位目标并不意味着不重要。既不能以首位的政治方面的目标代替非首位目标,又不能使非首位目标泛政治化,更不能在新的市场经济不断发展的社会条件下只注意发展道德、心理健康方面的非首位目标,而忽略政治方面的目标。我们只有协调好德育目标域分间的关系,才能使德育健康发展。实际上,就政治教育目标的实现而言,仅靠纯粹的政治教育是行不通的,而是要以其他域分目标方面的教育为基础,为条件;离开其他方面的支撑,政治教育难以落到实处。

需要明确指出的是,阐明德育目标域分间的首位目标与非首位目标,并不是说在德育活动的各层次、各序列都要过分强调首位目标。德育的内涵是丰富的,德育总是全方位地进行着,德育目标中的各层次、各域分都可能根据不同历史时期的实际和主客观需要而变化发展,加强或着重某一方面的教育不仅是可能的，而且是必要的。

在处理德育目标层次间、域分间的辩证问题时，要善于运用历史唯物主义和唯物辩证的基本原理，不能把德育目标系统中的问题简单化、片面化。只有这样，才能使德育目标系统日益完善与科学，才能更好地满足各方面对德育教育的新要求，为培养全面发展的具有较高德性素质的人才做出贡献。

三、高校德育目标的特征分析

德育目标是实施高校德育工作的根本指南，德育内容的确定、德育方法的选择、高校德育的鉴定以及德育工作的领导和管理都要为实现德育目标服务，影响高校德育工作任务完成效率的主要因素是德育目标的明确性、具体性。因此，提升高校德育水平的首要任务就是优化德育的目标。

（一）层次性

一是构成目标的各个要素不是平行的，是有层次区别的。例如，政治、思想、道德、法纪等要素中，政治、思想要素处于德育目标的最高层次，它反映了德育目标的本质，也是我国大学生与西方国家大学生的根本区别。

二是高校德育目标体系中有共同目标，亦有不同层次的目标，两个层次的德育目标都应该得到一样的重视，不可顾此失彼。针对这两个层次的目标，还应在每个层次中再分出高、中、低三个层次，这样使德育目标更加具体可行，并适用于不同层次道德水平的大学生，让每个层次道德水平的学生都有目标可循，提高德育目标的可实现度，从而有效增强高校大学生参加德育课程的积极性与主动性。

（二）阶段性

德育目标的制订，要以高校大学生为本，充分考虑大学生所处的不同阶段的特殊性，将其在大学期间所要完成的德育总体目标分解为不同的阶段目标，使高校德育目标更加有目标性，进一步提高德育效果。

（三）针对性

德育目标的制订，还要充分考虑高校德育任务的具体性，以及不同任务之间的差异性，要针对每一项具体的德育活动，制订德育目标，使每项德育工作都有完成的标准与达到的目标，使件件德育工作都不落空，保障德育工作的实效性。德育目标既然是德育环境创造者期望德育对象在品德方面所要达到的标准或规格，那么，其标准或规格总要有一个具体的表述，而不能是笼统的、含混不清的。

四、现代高校德育目标体系的构建

根据"人—社会—自然"和谐共处的现代德育目标,结合现实需要,现代德育目标体系应包括三方面的内容:生态德育、公民德育和私德教育。

(一)生态德育目标体系构建

1. 生态德育的内涵

(1)生态德育是一种生态教育活动

生态德育是根据生态道德原则和生态道德规范,有组织、有计划地向社会成员施加影响,把生态价值准则灌输或诱导进社会成员内心,使之转化为个人内在道德的一种教育行为。生态德育就其实质而言,更侧重于探讨和研究生态道德建设的方式、方法和路径选择。

(2)生态德育赋予德育以新的使命

生态德育是在传统的人际德育的基础上,把长期以来形成的道德原则和道德规范从社会领域扩展到自然领域,指导人们科学认识人与自然的关系,以及人在生态系统中的正确地位的活动。生态德育旨在通过一系列实实在在的教育活动,以生态伦理为学理依据,运用新的"生态道德规范",诱发和唤醒受教育者的生态意识、生态智慧和生态能力。生态德育的终极目的就是寻求一种合适的关系模式,实现人类与自然和谐共济的道德目标。

(3)生态德育是一种体验性、实践性很强的教育活动

自然之境中的道德体验有助于人们生成生态意识、生态能力和生态智慧。生态问题是人类社会生产和生活实践中产生的问题,对生态问题的认识、了解,必须要到社会实践中去才有可能实现。"生态德育"命题的提出、理论研究和实践探索既是道德伦理面对人与自然关系的种种挑战而从内部产生的志趣转向,又是对我们传统的知性论德育范式的重新审视。由于生态是一个不断演进的运动过程,仅凭理智是无法把握生态、生命的真谛的,因此只有引领人们回归生活世界,回归自然之境,参与且融入一定的生态实践活动,才能使受教育者获得更多的生态体验和感受,培养他们对自然的善意、尊重和敬畏,打通人与自然的情感通道,激发他们对自然的情感认同。

2. 生态德育的内容

(1)增强生态道德意识

生态道德意识教育通过加强受教育者的生态道德认知、引导受教育者内化生态道德理念和增强生态意识三个方面实现。加强生态道德认知,是要受教育者在掌握生态道德的事实性知识、评价性知识的基础上积极参加生态实践,获

得生态道德经验与体会。内化生态道德理念，是将生态善恶理念、正义理念、良心理念和义务理念等通过体验、移情、理解、反思等途径内化于心。生态意识的内容十分丰富，包括生态忧患意识、生态价值意识、生态责任意识、生态共赢意识、生态消费意识和生态审美意识。生态德育所要培养的生态意识，涵盖以上各方面。

（2）培养生态道德情感

生态德育本身具有内在价值和存在的合理性，使人们能够重新认识自然的价值，形成人与自然关系方面的生态善恶感、生态亲近感、生态敬畏感和生态正义感。生态道德情感是生态道德人格形成的基础，也是践行生态伦理道德的情感动力。因而，培养教育对象的生态道德情感自然成为生态德育必不可少的内容之一。

（3）完善生态道德规范

生态道德规范包含人际道德规范、自然道德规范和人文道德规范三个方面，分别作用于调节人与人之间、人与自然之间和人与自身之间的伦理道德行为。敬畏生命、珍爱生态，控制人口，科学发展，合理消费，节约资源等是生态道德规范的内在要求，直接指导、规范和约束着人们的生态行为。因而，生态道德规范既是生态道德的基本形态，也是生态德育的重要内容。

（4）提高生态道德素质

生态道德意识、情感、规范等的增强、培养和完善，最终指向的都是提高人们的生态道德素质。培养生态道德能力，提高生态道德素质，首先要加强生态道德素质的养成教育，设置和开展丰富的项目教育，诸如地球日、生物多样性纪念日等，以强化人们的生态保护意识，促进生态行为的养成。其次，要重视生态道德能力的培养。生态道德能力是一种人所特有的超越自身功利而履行人类义务、实践较高意旨的本领及心理素质。提高生态道德能力能够提高人类遵循生态规律的自觉性，减少盲目性。提高教育对象的生态道德素质是生态德育的最终追求。

3. 生态德育的目标追求

生态德育的总体目标是由若干具体目标组成的，关于生态德育的具体目标可有多种表述，但对高校大学生来说主要有如下几种目标。

（1）价值目标

与一般德育的价值目标不同，高校生态德育的价值目标主要体现为自然价值目标和社会价值目标两个方面。作为自然价值目标，生态德育首要确立的是尊重自然、敬畏生命的自然价值观。生态德育就是要将人类的道德观、伦理

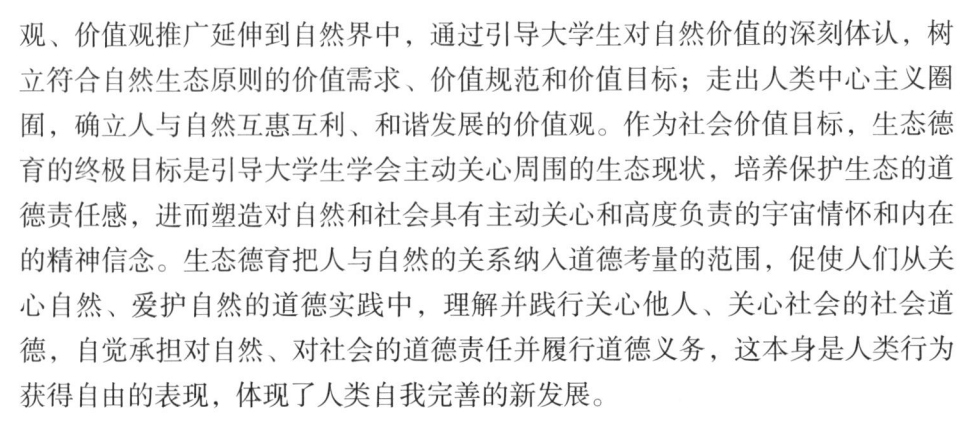

观、价值观推广延伸到自然界中,通过引导大学生对自然价值的深刻体认,树立符合自然生态原则的价值需求、价值规范和价值目标;走出人类中心主义圈囿,确立人与自然互惠互利、和谐发展的价值观。作为社会价值目标,生态德育的终极目标是引导大学生学会主动关心周围的生态现状,培养保护生态的道德责任感,进而塑造对自然和社会具有主动关心和高度负责的宇宙情怀和内在的精神信念。生态德育把人与自然的关系纳入道德考量的范围,促使人们从关心自然、爱护自然的道德实践中,理解并践行关心他人、关心社会的社会道德,自觉承担对自然、对社会的道德责任并履行道德义务,这本身是人类行为获得自由的表现,体现了人类自我完善的新发展。

(2)知识目标

生态科学知识在整个生态德育中具有重要的基础作用,是生态德育不可或缺的组成部分。高校生态德育的知识目标主要体现在两个方面。

一是熟悉中国的人口、资源、生态状况。掌握资源、生态保护的一般法律、法规知识,具备一定的忧患意识和危机意识,从而树立起保护环境资源光荣、破坏环境资源可耻的观念,懂得可持续发展战略的重要意义。

二是要了解生态学、生态道德和环保的基本科学知识。如化工产品生产过程中废气、废水对大气、动植物的危害,生活废水、垃圾对环境的危害,乱砍滥伐森林对水土、环境及人类的危害及影响,沙尘暴及沙漠化对耕地与人类的影响,城市化推进与耕地不断减少的矛盾如何解决,某些地区土地大量荒芜对人类生存的影响,以及水资源的净化与保护策略等。随着人类对自然认识的不断深入,生态科学知识已成为21世纪公民的必备知识。

(3)情感目标

生态道德情感,是指人在处理人与自然关系的实践中产生的爱憎、好恶的态度。它是以生态道德认知和道德理念为基础,再经自我体验、自我积累而逐渐形成的。高校生态德育的情感目标主要体现在两个方面。

一是要实现人的"心的开发",实现生命个体的"生态自我"道德价值。通过生态道德教育和道德实践重塑人的主体意识和培养人的超越精神,要把尊重生命、爱护自然升华为一种不同于人类中心主义的宇宙情怀和内在的精神信念,使人们能够将一切非人类存在物视为人类自身的伙伴,培养人们对生生不息的大自然的情感,对地球其他生命的同情和关心,丰富人类与自然关系方面的生态情感。

二是要培养人对自然的审美意识,使之产生符合生态道德认知和道德理念的内心体验。变化万千、形态各异的自然物能够满足人的审美需要。人在审美过程中会自然而然产生对自然的敬重与爱惜之情。

因此,应当从生存与审美需要的角度去培养大学生的生态情感,唤起他们的生态良知,使人的心灵得到净化、情操得到陶冶,懂得自然美对于人的生活的重要意义。从而以热爱自然、尊重自然、爱惜自然资源的博爱情怀去处理人与自然的关系。

(4)践行目标

生态德育重在践行。高校生态德育的践行目标是,通过激发大学生的参与性,把抽象的道德说教融入当下客观的自然现实生活,使之在丰富生动、易于接受的实践活动中,自觉体悟自然界的"生态智慧",掌握生态运动变化的规律,从而形成保护生态环境的自觉行动,实现生态意识由知到行的转化。具体体现在以下三个方面。

一是要养成良好的生态道德习惯。生态道德行为是人们在生态道德规范的调节下对生态环境做出的反应行动,是衡量人们生态道德意志高低的标志。生态道德行为的形成关键在于充分发挥大学生的生态主体性,使其养成良好的生态道德习惯,通过不断完善自身的道德生活,达到个体内部道德价值系统与外部道德生态系统的完美统一。

二是要培养和提高生态道德能力。大学生生态道德水平的提高,不仅需要我们用一定的生态道德原则和规范教育来使他们真正树立生态道德观念,明确善恶标准,而且需要我们注重通过个体践行实施生态道德的能力的培养。只有做到这两者的统一,才能从根本上解决人们在现实生活中所遇到的生态道德问题。

因此,要通过生态德育的践行强化引导大学生加强多样化的生态道德思维训练,提高遵循生态规律的自觉性,减少盲目性,避免人为风险行为的产生。努力培养大学生对生态道德的认识能力、判断能力、评价能力、选择能力和践行能力,并进一步形成生态道德的自我锻炼、自我教育和自我陶冶能力。也就是说,要不断提高大学生遵守生态道德准则和规范的本领,使其表现出一种良好的稳定的心理状态,真正实现由"他律"向"自律"的转换,达到"慎独""自省""自讼""随心所欲不逾矩"的自由自主的境界。

三是要积极开展生态德育的践行活动。如引导大学生从身边的小事做起,懂得珍惜爱护学校的一草一木,懂得怎样去爱护校园的幽雅环境;也可以组建学生环保社团,开展一些"建设绿色校园"的活动;要经常组织指导大学生到社会上开展环保宣传、志愿者服务等活动,利用假期组织学生开展生态调查、生态旅游等，让青年大学生感受自然、热爱自然，进而增强生态道德意识；也要利用校园网络、广播、宣传栏等多种媒体宣传和普及"绿色消费"，引导大学生在日常生活中形成健康的生活观和适度的消费观，从而引导他们做一个理性的"生态人"，肩负起自己的历史使命。

（二）公民德育目标体系构建

1. 公民德育的内涵与功能

（1）公民德育的内涵

公民德育的内涵，从字面上来看是对公民进行一定的思想品德教育，促使其形成正确的价值取向。公民德育不仅能够影响公民的思想意识，同样也能影响公民的行为方式。公民德育有助于一个国家形成良好的道德风尚。公民道德素质教育的培养主体范围很广，以大学生为主体进行道德素质教育，就是对大学生进行公民道德教育。大学生是未来国家建设的中坚力量，是中国特色社会主义事业的主要建设者。因此，对大学生进行思想道德教育，不仅有利于我国的公民道德建设，还有助于大学生提升自身的道德素养，促进大学生的全面发展。

（2）公民德育的功能

习近平总书记在党的十九大报告中指出，我国要"深入实施公民道德建设工程，推进社会公德、职业道德、家庭美德、个人品德建设，激励人们向上向善，孝老爱亲，忠于祖国，忠于人民"。这段话为新时代公民道德教育指明了方向。道德是提高人的精神境界、促进人的自我完善、推动人的全面发展的内在动力。一个社会能否进步，一个国家能否长治久安，很大程度上取决于公民的思想道德素质。公民道德是指公民个体在家庭、社会生活中所要遵循的各方面的行为标准，是调节所有社会成员之间的伦理关系的准则，它既包含了公民在个人日常生活中的基本生活规范，也包含了公民在社会活动中需要遵循的准则。公民道德教育是指为了培养国家社会所需的、具有基本道德素质的良好公民，对公民从公民与国家、公民与法律等角度入手进行的系统的、多元的和制度化的道德教育活动。加强素质教育、培养公民的道德观念、规范公民的道德行为，对改善整个社会的道德风尚有重大意义。

2. 公民德育的目标追求

公民德育的目标追求，集中反映在它的主要内容及其要求上。即以"爱国守法、明礼诚信、团结友善、勤俭自强、敬业奉献"为主要内容和要求的公民道德基本规范；以"文明礼貌、助人为乐、爱护公物、保护环境、遵纪守法"

为主要内容和要求的社会公德；以"爱岗敬业、诚实守信、办事公道、服务群众、奉献社会"为主要内容和要求的职业道德；以"尊老爱幼、男女平等、夫妻和睦、勤俭持家、邻里团结"为主要内容和要求的家庭美德。

（三）私德教育目标体系构建

1. 私德教育的内涵

私德，顾名思义，就是指与公德相对应的个人品德修养。它与公德相辅相成，缺一不可，共同构成社会道德。

2. 私德教育的重要性

没有个人的"私德"，也就没有真正意义上的"社会公德"。梁启超在《论公德》中说："道德之本体一而已，但其发表于外，则公私之名立焉。人人独善其身者谓之私德，人人相善其群者谓之公德。"这就是说，私德是个人立身之本，公德是服务社会之本，如果个人私德不良好，往往就会妨害公德，所以一个人的私德是十分重要的，私德是公德的基础。私德，往往表现在独处之时，所以古人重视"慎独"。也正因为独处时最能表现私德，因而一个人的私德如何难以直接考察。但是，根据一个人在公共场合的表现，则可以一定程度上推测这个人独处时的品德状况。

我们经常会看到一些人在公开场合高谈"仁义道德"，背后却干着"道德败坏之事"。这种集体行为与个人行为的背离，知与行的背离，其根本原因就在于现在所推行的德育注重道德知识的传授，却忽视品德的培养，以至于人们缺乏的不是道德认知，而是道德品质。所谓道德品质，是指道德在个体身上表现出来的稳固的心理特征，即品德。而私德能突出地体现个人的品德修养。因此，重视和加强个人的私德教育，有利于公德的培养，有利于集体行为与个人行为的统一，有利于知与行的统一。

3. 私德教育的目标要求

私德教育包括"知、情、意、行"，即道德观念、道德情感、道德意志和道德行为等四个方面的内容。

道德观念是指对道德行为准则及其意义的认识。其中包括道德概念、原则、信念与观点的形成以及运用这些观念去分析道德情境，对人、对事和对自己的言行做出是非、善恶等的道德判断。

道德情感是伴随道德观念所产生的一种内心体验，也就是人在心理上所产生的对某种道德行为的爱慕或憎恨、喜好或厌恶等情感体验。强烈、健康的道德情感对品德的形成具有重要的意义，它是个体道德行动的内部动力，也是一种自我监督与自我检查的力量。

在现实生活中，人们首先通过感情表明他们的需要，通过感情与他人建立或割裂联系，人们常常将他人的情绪表情和事物信息的情绪性作为鉴别判断的线索，将自己满意、不满意，肯定或否定的情绪化特征作为不加选择的第一反应，进而获得道德审美和精神享受。

道德意志是在自觉执行道德行为的过程中，克服所遇到的困难和障碍时所表现出来的意志品质。道德意志实际上是道德观念的能动作用，是人利用自己的意识通过理智的权衡作用去解决道德生活中的内心矛盾的力量，这种力量经常在人为实现道德目标的行动中，通过采取积极进取或顽强自制两种形式得到具体体现。意志与行为紧密相连，体现在行为之中，是调节行为的精神力量。一个人有了道德观念，但是否引起行为，能否抗拒现实生活中的各种诱惑，使道德动机在内心冲突中战胜其他非道德动机，往往取决于其道德意志力。道德意志在道德观念转化为道德行为的过程中起着十分重要的作用。

道德行为是人在一定的道德意识支配下表现出来的对待他人和社会的有道德意义的活动。它是人的道德观念的外在具体表现，是实现道德动机的手段。道德行为有两种不同的水平，初级水平的道德行为是一种不经常的、不稳定的、有条件的道德行为；高级水平的道德行为是一种无条件的、自动的、带情绪色彩的行为，即道德习惯。良好的道德行为习惯，能使品德从内心出发，不走弯路而达到高境界；而不良的道德行为习惯，会给改造不良品德工作带来困难。道德行为从根本上说是一种自律行为，人们道德水平的提高有赖于自身内在主体精神和能动性的激发和激活。

第六章　中国传统伦理道德与高校德育内容的构建

在我国的思想文化宝库中，传统伦理道德是必不可少的重要组成部分，蕴含着丰富的内容，在社会的各个领域都绽放着光芒。传统伦理道德在很大程度上促进了中国传统文化的发扬和民族心理的培育，具有重大的历史意义。本章分为传统伦理道德的构成及其基本内涵、传统伦理道德的反思及现实借鉴意义、现代高校德育内容的构建三部分。主要内容包括：传统伦理道德的基本构成、传统伦理道德的基本内涵、传统伦理道德教育的基本特点、传统伦理道德的价值体现等方面。

第一节　传统伦理道德的构成及其基本内涵

一、传统伦理道德的基本构成

（一）传统伦理道德两大体系

中国传统社会主要有两大伦理道德体系：一是家庭伦理；二是政治伦理。

1. 家庭伦理体系

中国传统社会的构成，不是以个体为基本单位，而是以家庭为基本单位。与西方以夫妻关系为核心的家庭关系不同，中国家庭关系是以父子关系为基本关系的纵向、垂直关系。中国传统伦理道德在传统家庭关系中表现为"孝"。

"孝悌"在中国伦理规范中实属于"百行之首"的地位，是中国伦理道德的根本和核心。《孝经》引孔子的话说："夫孝，德之本也，教之所由生也。"孟子也非常重视孝悌教育，他明确指出："谨庠序之教，申之以孝悌之义。"并强调："尧舜之道，孝悌而已矣。"在我国古代，"孝"用以维系氏族中纵的关系；"悌"是指平辈中做弟弟的对兄长要尊敬，用以维系氏族中横的关系。这样，统治者于氏族中通过"孝悌"之道，就把上下左右的关系都控制起来了。

孝悌教育之所以能在中国传统教育中处于核心的地位，是因为仁是传统伦理的第一概念，也是全德之名，然而言仁必言孝悌，且孝悌为仁之本。故在《论语》中有子曰："孝弟也者，其为仁之本与！"

孔子认为，为了真正实现仁爱的教育，"孝悌"应作为仁的教育的起点和根本。在他看来，仁的教育核心是"爱人"，非如墨家的"兼爱"，而是爱有次第等级，从爱父母兄弟做起，然后扩而充之，其他如对朋友、君王以至整个社会、民族和国家的爱，都应以爱父母兄弟为起点。就是说，调整人际关系，首先要从调整与父母兄弟间的关系开始，然后进一步调整与朋友、君王以至整个社会、民族、国家间的关系。由于对父母兄弟的爱表现为"孝悌"，所以他说"孝悌"是"爱人"的基础，是实现仁的教育的根本，道理就在这里。《孝经》称："不爱其亲而爱他人者，谓之悖德；不敬其亲而敬他人者，谓之悖礼。"孟子也曾说："孩提之童，无不知爱其亲者，及其长也，无不知敬其兄也。亲亲，仁也；敬长，义也；无他，达之天下也。"就是说，仁的起源和实践开端，表现于事亲、敬长，也即表现于孝悌。因此，"孝悌"也便自然而然地而且是必然地成为"仁"的根本。

同时，"孝悌"也是"忠"的基础。孔子说："孝慈，则忠。"在他看来，凡是能尽"孝悌"之道的人，决不会"犯上""作乱"，决不会破坏君臣上下的关系，决不会危害社会安定、国家安宁的局面。因为从小培养起"孝悌"的品德，"少成若天性"，长大后，自然就会移"孝"作"忠"，以事父母之心事君，由孝子一变而为忠臣。这正是"忠臣出于孝子之门"的原因，也说明了"孝悌"是"忠"的基础。这样，从孝亲始，至忠君终，达到了"仁"的教育的最高点，也使安定的封建社会秩序得以长久维持。以后《大学》在谈到齐家、治国的道理时说："孝者，所以事君也；悌者，所以事长也。"这几句话的确道出了将"孝悌"作为仁的教育的根本的政治目的。

"孝悌"是仁的教育的根本，也是仁的实践，所以它在中国伦理规范中，便居于主要的领导地位。中国伦理以"孝悌"为其实践的原则，一切伦理的实践均以"孝悌"为基础而发展下去。

2. 政治伦理体系

到了封建社会，为适应维护宗法等级制度的需要，统治阶级察觉到，孝和忠是联系在一起的。他们认为，国是家的放大，孝是忠的基础，所以，应当把维护宗法关系的"孝道"与维护国家政权的"忠心"结合起来，使反映父母与子女之间道德关系的"孝"，扩大延伸为君臣关系的"忠"，并赋予"忠"以绝对听命于君的含义，由强调敬祖孝父，发展成为忠君报国。从"爱亲"出发，由己及人，由亲及疏，由近及远，要求人们在处理个人与家族、社会的关系时，应克制个人的欲望和要求，尽量使个人言行符合封建伦理道德"礼"的要求。

以血缘家族关系为基础的"孝"，与社会关系中的"忠"和"礼"的统一，表现了中国传统伦理道德整体主义的道德价值取向。我国历史上一些较有远见的统治者，都主张用"修文德"来处理民族之间的关系。在外敌入侵等特殊历史条件下，它要求严守"华夷之辨"，伸张民族大义，维护中华民族统一和领土完整，形成了爱国主义的道德情操和传统美德。从屈原的"路漫漫其修远兮，吾将上下而求索"，到陆游的"王师北定中原日，家祭无忘告乃翁"；从贾谊的"国而忘家，公而忘私"，到范仲淹的"先天下之忧而忧，后天下之乐而乐"；从岳飞的"精忠报国"，到文天祥的"留取丹心照汗青"；从顾炎武的"天下兴亡，匹夫有责"，到林则徐的"苟利国家生死以，岂因祸福避趋之"；等等。这种整体主义思想，显示了强烈的为国家、为民族、为整体献身的爱国主义精神，是中国传统伦理道德的一个重要特点。

（二）传统伦理道德的主要范畴

在中国传统道德的发展中出现了许多的道德范畴，概括起来主要的道德范畴有仁、义、礼、智、信、诚、孝、悌、忠、廉、耻、勇、德、谦、和、勤、温、良、恭、俭、让、宽、敏、惠、直、中庸等。其中，仁、义、礼、智、信合称"五常"，是儒家从古代众多的德育目标中概括、提炼出来的五种最基本的道德规范。需要进一步指出的是，中国传统伦理道德中的经典纲常主要以儒家为主体，同时还体现为儒家与法家、墨家、道家、佛家等的冲突与融合。这不仅未导致其衰败，反而促其理论更丰富、论证更系统、功能更强大。在中国古代社会中，这五种道德规范是处理人与人之间关系的最基本的行为准则，也是个人修养的最主要的内容。它贯穿于整个道德生活之中，深刻地影响着中华民族道德素质的培养和道德精神的形成。

二、传统伦理道德的基本内涵

（一）仁

在中国古代，仁被列为"四德""五常"之首，被称为"众善之源，百行之本"。关于仁的字义，《说文》载："仁，亲也，从人从二。"即指人与人之间的关系，是一个就如何处理人与人之间关系而发展起来的范畴。中华文明上下五千年，仁的观念由来已久。《国语·周语下》载，"言仁必及人""爱人能仁"；《国语·晋语一》载，"爱亲之谓仁"；《国语·齐语》载，"慈孝于父母，聪慧质仁"；《左传·成公九年》载，"不背本，仁也"。仁的概念虽然在孔子之前出现过，但是从孔子开始才以"仁"名其学，并以此来统领其整个的思想体系。著名哲学家冯友兰先生在其《中国哲学简史》中谈道："孔子用'仁'字不光是指某一种特殊德性而且是指一切德性的总和。""仁爱"思想是儒家伦理思想的核心。在《论语》中，孔子多次对"仁"做阐释，这就为现代人了解仁爱观的历史内涵提供了很大帮助。在此从《论语》中摘出七处孔子对于什么是"仁"所做的回答。

①樊迟问仁，子曰："仁者先难而后获，可谓仁矣。"

②颜渊问仁。子曰："克己复礼为仁。一日克己复礼，天下归仁焉。为仁由己，而由人乎哉？"

③仲弓问仁。子曰："出门如见大宾，使民如承大祭；己所不欲，勿施于人；在邦无怨，在家无怨。"

④司马牛问仁。子曰："仁者，其言也讱。"

⑤樊迟问仁。子曰："爱人。"

⑥樊迟问仁。子曰："居处恭，执事敬，与人忠。虽之夷狄，不可弃也。"

⑦子张问仁于孔子。孔子曰："能行五者于天下，为仁矣。""请问之。"曰："恭、宽、信、敏、惠。恭则不侮，宽则得众，信则人任焉，敏则有功，惠则足以使人。"

以上是孔子在《论语》中针对仁的概念所做的解释，在他看来，所谓"仁"要满足以下条件：先利他后利己；按规章制度办事并且要合乎礼仪要求；己所不欲，勿施于人；说话做事要谨慎；爱护他人；对家人应恭敬，对别人应忠心。最重要的一点是要做到五德，即庄重、宽厚、诚实、勤敏、慈惠。

受孔子仁者爱人思想的影响，墨子形成了兼爱理论，兼爱理论其含义主要包括以下两个方面。第一，在立论基础方面，墨子倡导建立一种"视人之国若视其国，视人之家若视其家，视人之身若视其身"的平等的爱。第二，在本质内容方面，墨子的"兼相爱"思想实际上是一种"交相利"的思想，《鲁问》中载："故交相爱，交相恭，犹若相利也。"

承接孔子的仁爱思想，孟子继承发展了关于仁的思想。《孟子·尽心下》

载:"仁也者,人也。"即仁就是要把人当成人看待,要爱人。《孟子·离娄下》载:"仁者,爱人。"《孟子·离娄上》载:"仁之实,事亲是也。"关于孟子的仁爱思想,学者张永桃认为:"他反对墨子的兼爱,认为首先是爱自己的父母。"孟子提出了"不忍人之心"及以"仁、义、礼、智"为主要内容的四端说。其中,"仁、义"是根本,并首创将"人伦"概念作为仁义之道的思想前提。在他看来,人与人之间应遵循"五伦"原则,即"父子有亲,君臣有义,夫妇有别,长幼有序,朋友有信"。除此之外,孟子认为人的本性生来就是善良的,建立了他的性善论学说,性善论是孟子仁爱思想的理论基础。

到了战国晚期,另一位思想家荀子,批判地总结了孔孟仁学学说的优劣长短并形成了自己的仁学理论。他的理论以礼为核心,强调以礼释仁。《荀子·儒效》载:"先王之道,仁之隆也,比中而行之,曷谓中?曰,礼义是也。"但与孟子截然不同的是,荀子主张性恶论,在他看来,人的礼仪是靠后天的训练、教化而习得的。

以上只是先秦时期的仁爱思想,到了汉代,董仲舒以天人感应论释仁,认为天就是仁的化身,人的"仁"是因天人感应而形成的。董仲舒的仁爱思想以爱别人为根本,否定了只爱自己的思想。隋唐时期的思想家将仁学道统化,比如,韩愈的著作《原道》以仁义释道德,对仁的阐释也是围绕着一整套"先王之教"的礼教思想展开的。

(二)义

关于义利的问题在孔子之前就出现过。《左传》载:"德义,利之本也。"在《国语》中出现的频率较高,如《国语·周语中》载:"夫义所以生利也。"《国语·晋语二》载:"夫义者,利之足也。"从这些记载中,我们不难看出,孔子之前的义利关系是统一的:首先,义是一种可以带来利的德行;其次,通过义才能达到利的目的;最后,义利相依相存,没有义就没有利。到了孔子时期,出现了"义利之辩",而孔子则是先秦时期第一个对义利关系问题进行系统论述的思想家。《论语·里仁》载:"君子喻于义,小人喻于利。"孔子将义利之分作为君子与小人之分的依据。可见,在义利关系问题上,孔子是重义轻利的。但同时,孔子并不排斥人们对利益的追求。《论语·宪问》载:"见利思义,见危授命,久要不忘平生之言,亦可以为成人矣。"《论语·里仁》载:"富与贵,是人之所欲也,不以其道得之,不处也;贫与贱,是人之所恶也,不以其道得之,不去也。君子去仁,恶乎成名?君子无终食之间违仁,造次必于是,颠沛必于是。"从孔子的这句话可以看出孔子倡导人们在遵循道义的基础上去追求利益。

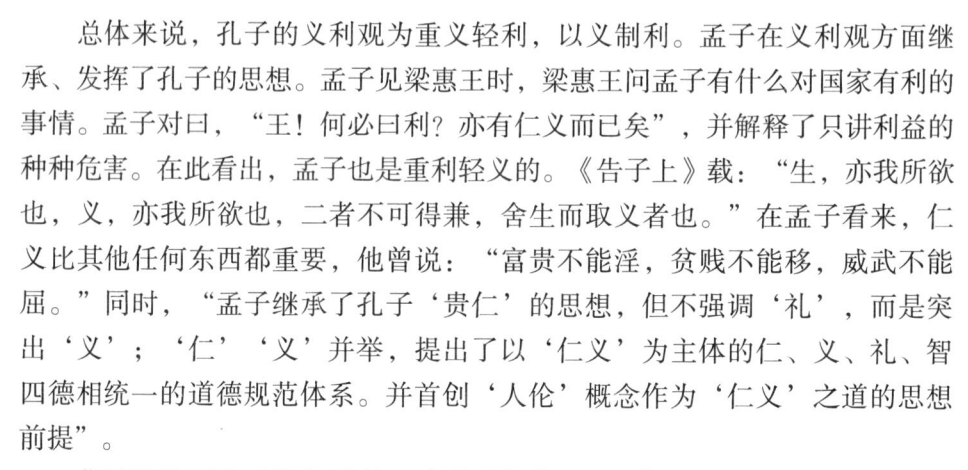

总体来说，孔子的义利观为重义轻利，以义制利。孟子在义利观方面继承、发挥了孔子的思想。孟子见梁惠王时，梁惠王问孟子有什么对国家有利的事情。孟子对曰，"王！何必曰利？亦有仁义而已矣"，并解释了只讲利益的种种危害。在此看出，孟子也是重利轻义的。《告子上》载："生，亦我所欲也，义，亦我所欲也，二者不可得兼，舍生而取义者也。"在孟子看来，仁义比其他任何东西都重要，他曾说："富贵不能淫，贫贱不能移，威武不能屈。"同时，"孟子继承了孔子'贵仁'的思想，但不强调'礼'，而是突出'义'；'仁''义'并举，提出了以'仁义'为主体的仁、义、礼、智四德相统一的道德规范体系。并首创'人伦'概念作为'仁义'之道的思想前提"。

荀子继承了孔孟的义利观。《强国》载："凡奸人之所以起者，以上之不贵义、不敬义也。夫义者，所以限禁人之为恶与奸者也。"这句话是说凡是奸邪的人能兴起，是因为君主不重视义，不尊崇义。义，就是用来限制、禁止人们做坏事的。从这里可看出荀子也相当重视义。荀子不但继承了孔孟的义利观，同时也吸取了墨子义利并重的思想。《荀子·大略》载，"好利恶害，是君子小人之所同也""义与利者，人之所两有也"。汉代董仲舒提出"正其谊不谋其利，明其道不计其功"的观点，继承了孔子重义轻利的思想。宋代伟大的哲学家邵雍提出："天下将乱，则人必尚利也，尚义，则谦让之风行焉。尚利，则攘夺之风行焉。"邵雍崇尚重义轻利的观念。朱熹认为："人之一心，天理存，则人欲亡，人欲胜，则天理灭，未有天理人欲夹杂者"。朱熹的"存天理，灭人欲"带有强烈的功利主义色彩。

（三）礼

礼是社会等级制度、法律规范和伦理道德规范的总和。礼作为一种社会等级制度，是对人与人之间关系的制约。礼是一种社会伦理道德规范，具有亲和性。

"礼也者，理也；乐也者，节也。君子无理不动，无节不作。"由此可见，礼的内涵是理，理是内在的根据，节是言行的限度。"君子无理则不敢妄动，无节则不敢妄为，不学礼，无以立"是孔子的一句名言。一个人如果不懂得礼，言行没有节制，是不能被社会所接纳的。也就无法立身成业，孔子认为：在社会生活中，恭、慎、勇、直固然是非常需要的，但仅仅有了这些是不够的。"恭而无礼则劳"，即劳烦；"慎而无礼则葸"，即畏惧、怯懦；"勇而无礼则乱"，即闯祸；"直而无礼则绞"，即尖刻。礼又是保持国家稳定、家庭和睦的主要手段。

（四）智

"智"包括理智、理性、智慧、学识、明辨、远虑。智的内涵是思维，其外在形态是知识。"君子不可小知，而可大受也。"孔子认为，一个智能很低的人，不可承受重大的责任，因为力不从心会毁了他，不能驾驭局势就会祸国殃民。在这个传统伦理道德思想中，智与德是紧密相连的。智的内涵是思维但并非所有的思维都能成为智慧，有的产生奸诈，有的产生虚伪，能否产生智慧，取决于品德。为国为民必生智慧，损人利己，必生罪恶。而品德源于心灵，心正自然生慧，心邪自然生奸。所以孔子说："知者不惑，仁者无忧，勇者无惧。"

（五）信

"诚信"一词最早见于《商君书·靳令》，但从词源上则是来自"诚"和"信"两个单字。《说文》载："诚，信也；信，诚也。"从语义上可看出，"诚"和"信"是互相解释的，诚则生信，无诚则不信。北宋理学家程颢有句名言："学贵信，信在诚。诚则信矣，信则诚矣。"从这些记载中不难看出，在中国传统文化中，"诚"和"信"两个字的本意是相同的。古语云："言之所以为言者，信也。言而不信，何以为言。"《袁氏世范》载："有所许诺，纤毫必偿；有所期约，时刻不易。"《左传·成公九年》载："不背本，仁也；不忘旧，信也；无私，忠也；尊君，敏也。"

从以上记载可总结出，"诚信"在古代有以下几种意思：①说话算数；②兑现过去的许诺；③不朝三暮四；④不自欺；⑤遵守诺言，言行一致。"孔子是较早系统论述诚信的美德意义的。"孔子的一生很重视诚信问题，在他看来，"人而无信，不知其可"，并认为"言必信，行必果"。《论语·为政》载："人而无信，不知其可也。大车无輗，小车无軏，其何以行之哉？"在这里，孔子将诚信作为立身之本。孟子也是崇尚诚信之德的代表人物。《孟子·离娄上》载："诚者，天之道也。思诚者，人之道也。"在这里，孟子倡导人们对朋友和家人都要讲"诚信"。孟子还认为"反身而诚，乐莫大焉"。

除此之外，《荀子·为欲》载："凡人主必信，信而又信，谁人不亲？"荀子倡导统治者要具备诚信的品质，它是获得人民支持的重要条件。宋代的朱熹说："真实无妄谓之诚"。在朱熹看来，所谓的"诚"就是真真实实的、必然的东西。周敦颐则认为"诚"是"五常之本，百行之源"，他将"诚"看作所有优秀品质中最重要的一项，并将其看作所有行为发生的先决条件。

三、传统伦理道德教育的基本特点

(一)"德教"与"修身"合一

中国古代的教育以"德教"为主。许多思想家、教育家认为,"德教"的关键在于启发人们内心的"自觉"与"修养"。"德教"目的的实现,必须通过提升个人的道德修养来完成。坚持"德教"与"修身"合一,这是中国传统道德教育思想的一大特点。

"德教"是外在道德观念、道德规范对人的教育、熏陶与影响。而"修身"是重视主体内在的道德理性自觉,主要是进行自我品行的陶冶。把"德教"与"修身"过程结合起来,突出了道德行为的自觉性要求,有益于调动人的主观能动性,使道德教育落到实处。儒家十分重视把"德教"与"修身"统一起来,提出了一套在道德教育中,促进人们"修身""养性"的方法。孔子倡导"修己以敬""修己以安人""修己以安百姓"。孟子提倡"养性",扩充内心的"善端"。《大学》则进一步认为,"齐家、治国、平天下"的根本在于修身。而"修身"之道,又在于正心、诚意,"欲修其身者,先正其心;欲正其心者,先诚其意"。所谓"正心",即调节自己的道德情感。所谓"诚意",即在主观意志中趋善避恶,对仁义道德信服,在任何情况下都坚持贯彻自己的善良意志。正心、诚意是"修身"的重要方法。坚持"德教"与"修身"的统一,是儒家道德教育论的一贯主张。道家尽管对道德与道德教育有与儒家不同的观点,但也强调把人们道德水平的提高与"修德"统一起来。把修身的过程,看作一个道德提高的过程,是很有见地的。如果把"德教"与"修身"割裂开来,道德只是口号、教条,不能改善人的道德观念和行为品德,"德教"是虚浮的。中国传统道德教育强调"德教"与"修身"合一,是一种面向道德生活实际的优良传统。

(二)"知道"与"躬行"合一

"知道"是指道德认识,"躬行"是指道德实践。强调道德认识与道德实践的统一,道德意识与道德行为的一致,"知道"与"躬行"合一,是中国传统道德教育思想的另一个明显特点。

在中国古代,"知"与"行"的问题,主要是一个道德伦理问题。汤一介先生认为:"知行合一"解决的是人与人之间的关系问题,也就是关于人类社会的道德标准和原则问题,或者说是人对于社会的责任问题。中国古代哲学家、教育家大多认为,"知"与"行"必须统一,否则根本谈不到"善"。

"知道"与"躬行"合一，不仅是我国传统道德教育的基本原则，而且是道德教育所追求的一种境界。

孔子认为，道德教育增进人的道德认识见之于道德行为实践的自觉性。只说不做，言行脱节，知而不行，只是道德虚伪，毫无实际的道德价值可言。荀子认为道德教育是要人们学习仁义道德，心中明理，并付诸行动。朱熹认为，道德上的"知"与"行"互相依赖，互相促进。王守仁更是强调"知行合一"的重要性。他认为，道德上的知与行是"合一并进"的关系。虽然从道德认识的角度看，中国古代有些哲学家、教育家有以行代知、销行于知的缺陷，但是，中国传统道德教育强调"知道"与"躬行"的合一，重视道德认知与道德实践的统一，有益于激发一种道德真诚精神，有利于人们道德生活的改善。

（三）"言教"与"身教"合一

"言教"是指通过言语、说教的方式来对人们进行道德规范、道德是非的教育；"身教"是国家的统治者、学校的教师身体力行，用自己高尚的道德行为教育民众、教育学生。强调"言教"与"身教"的统一，是中国传统道德教育思想的又一个重要特点。

中国人在道德生活中向来有"听其言，观其行，察其德，然后信其道"的心理特点。中国许多哲学家、教育家历来重视统治者、教师以自己的言传身教来教育人。孔子倡导教师不仅要言道德，更重要的是行道德。他特别强调，不论是统治者对民众的"教化"，还是教师对学生的"德教"，都应当身教重于言教，以身作则，为人师表。墨子也强调，教师只有躬身实践，表里如一，才能使学生心悦诚服，亲其师，信其道。

中国传统伦理道德思想注重"言教"与"身教"合一，这是中国古代哲学家、教育家重要的道德教育智慧之一，在道德教育实践中有明显的合理性。乌申斯基说过："教师的个人范例，对于青年人的心灵，是任何东西都不可能取代的最有用的阳光。"从学校道德教育来说，教师只有以自己的高尚道德言行来熏染学生，在自己的行动中活生生地体现自己所宣传的道德品行，学生才会信服，才会效仿，才会激发学生对真、善、美的追求。"言教"与"身教"合一，是我国传统道德教育经验中一份值得珍视的遗产。

第二节　传统伦理道德的反思及现实借鉴意义

一、传统伦理道德的价值体现

（一）借鉴传统伦理道德的必要性

网络化时代的到来、市场经济的冲击及西方文化的侵蚀，使当代大学生的思想道德观念发生了极大的变化，这对高校德育工作形成了新的挑战，也为高校德育工作敲响了警钟。在这样的背景下，我们有必要借鉴传统伦理道德的精华之处，来为高校德育工作提供理论借鉴。

1. 网络化时代亟须强化传统伦理道德

21世纪，人们的生活、工作、学习都离不开网络，而大学生对网络的使用最广泛。因特网作为信息传播速度最快、传播范围最广的媒体，深受大学生的喜爱。然而，网络有其积极的一面，也有其消极的一面。

互联网有时起到大学生"良师益友"的作用。大学生可以通过网络获取大量的人文社科知识，了解社会中的热点问题。利用这一方法，大学生可以开阔眼界，不再局限于书本中的知识。此外，网络可以有效弥补教育缺陷，扩大教育空间。目前，我国的教育方式主要是"灌输式"，网络可以提供各种各样的教育和科研网站，大学生可以通过网络获取所需的学习材料，以此来给自己"充电"。

任何事物都具有它的两面性，互联网也不例外。它在为人类带来方便的同时，对社会道德也造成了极大的冲击。

（1）对学校德育工作造成影响

在互联网上，人们不需要知道对方的姓名、性别、职业等信息，人与人之间的交往是虚拟的。许多大学生通过网络学会了撒谎，长此以往，使他们形成了不诚实守信等一系列恶习，这对学校德育工作造成了极大冲击。

（2）不利于大学生身心发展

一些自控力差的学生，极易沉迷于网络，不能合理安排上网时间。有的学生甚至逃课"住在网上"。前几年常有报道说有学生因上网时间过长而死于网吧。还有一些大学生将网络当成一种感情寄托，在网络上结交自己所谓的"白马王子"，这样一种不真实、不可靠的感情寄托往往为人贩子提供了可乘之机。

（3）为网络犯罪制造了温床

一些良心泯灭的不法分子，通过网络向不谙世事的大学生提供色情、暴力等不利于身心发展的信息，这极易诱惑那些模仿力强、自控力差的学生走上犯罪的道路。前段时间公安部还破获了一起震惊全国的网络吸毒案件。

互联网作为一种信息传播媒介，给人们带来方便的同时也带来了诸多问题。其负面效应对我国的传统伦理道德产生了冲击。由于上述网络的种种不良影响，网络伦理问题在近几年成为社会关注的焦点，"网络伦理"一词也成为社会的热点词汇。每种现实伦理都有它生长的土壤，网络伦理也不例外，而它生长的土壤正是传统伦理道德。网络伦理需要传统伦理道德为其提供丰富的养分，两者之间存在着必然的联系，二者的有机结合体现了传统与现代的和谐统一。

2. 市场经济的冲击亟须强化传统伦理道德

现阶段，我国已进入社会主义市场经济阶段，而传统的计划经济时代已离我们远去。市场经济让人欢喜让人忧，在为我们带来更加丰富的物质生活的同时，也造成了资源的极大浪费。虽然市场经济追求平等竞争，但无法避免弱肉强食导致的贫富差距的悬殊。市场经济追求利益最大化的目标，也给我们的道德建设带来了重重困难。

首先，市场经济的利益原则，使大学生的追名逐利现象及功利化思想日趋严重，这就需要呼唤儒家"道义"原则的重现。受市场经济的影响，大学生思想中不乏消极的价值取向存在，很多人过于"重利轻义"。当集体利益和个人利益发生冲突时，常将"人不为己天诛地灭"作为自己的价值取向。

同时，受拜金主义的影响，许多大学生为了满足无限的物质欲望，不惜做出一些让人百思不得其解的事情。这一切完全违背了传统的"重义轻利""以义制利"原则。儒家的"见利思义"倡导人们在利益面前，要将道义作为标尺来做出取舍。子曰："富与贵，是人之所欲也，不以其道得之，不处也；贫与贱，是人之所恶也，不以其道得之，不去也。"虽然每个人都追求财富、利益，但"君子爱财取之有道"，要"以道制欲"，儒家的这一道德取向，对于大学生正确处理金钱与道德的关系起到了重要的导向作用。

其次，市场经济的平等交易特性，需要呼唤儒家"诚信"原则的重现。社会主义市场经济要求经济主体遵循"诚实守信"的高尚品德，遵从"平等交易"的原则。然而，在市场经济快速发展的今天，我们看到的往往是不平等的交易：市场上以假乱真、以次充优的物品比比皆是；消费者拿钱买到的不再是健康而是隐患。这一切与传统的"诚信观"思想大相径庭，在儒家看来，"人而无信，不知其可"。诚信乃立身之本也。因此，在假冒伪劣商品泛滥的今天，我们呼唤传统诚信观的重现。

市场经济本来就是一把双刃剑，虽然说市场经济不是万能的，但没有市场经济是万万不能的。要使市场经济得到健康有序的良性发展，我们有必要拿传统伦理道德中的积极因素来约束和规范市场经济，使其在正确的轨道上前行。

3. 西方文化的侵蚀亟须强化传统伦理道德

现代西方文化纷繁复杂、瞬息万变，在全世界都产生了广泛的影响。近年来，随着国际交流日益频繁，西方文化在全球快速传播。现代西方文化在世界的传播，远比十字军东征和资本主义的传教活动要广泛和深刻得多。

现代西方文化让人欢喜让人忧，其提倡创新的精神、提倡竞争的意识等优秀品质不断激励着我国青年一代奋发图强、完善人格。但是其消极思想又不断影响青年一代的道德品质。后现代主义提倡价值多元化，使得青年一代善恶不分、是非不明。这与我们传统伦理提倡的知善恶、辨是非的优秀品质是背道而驰的。《国语·周语下》载："从善如登从恶如崩。"顺从善良像登山一样，顺从恶行像山崩一样，比喻学好很难，倡导人们要善恶分明。

全球主义思潮强调"全球民主化论""民主国家主权过时论"等思想，这就极大削弱了当代大学生的爱国主义情操，而我国传统的爱国主义思想可以增强和巩固青年一代的爱国主义情感。从古至今，历代先哲极力倡导爱国主义。南宋诗人陆游在其《示儿》中写下："死去元知万事空，但悲不见九州同。王师北定中原日，家祭无忘告乃翁。"民族英雄文天祥为了保家卫国，虽兵败被俘，但坚决不肯投降，并留下了"人生自古谁无死，留取丹心照汗青"的豪言壮语。当代青年一代作为社会主义事业的接班人，应该具备多方面的素养，其中爱国主义是最重要的优秀道德品质。

西方消费主义思潮造成了当代大学生不合理的消费观，使铺张浪费现象有增无减，这对我们传统的勤俭节约观造成了极大的冲击。因此今天，高校有必要加强勤俭节约观教育。我们的先人很早以前就有了勤劳俭朴的道德追求。《尚书·大禹谟》载："克勤于邦，克俭于家。"墨家学派代表人物墨子提出："俭节则昌。淫逸则亡。"三国时期杰出的政治家诸葛亮倡导："静以修身，俭以养德。"唐代诗人李商隐说："历览前贤国与家，成由勤俭破由奢。"勤俭节约作为中华民族的传统美德，在今天这样一个物欲横流、铺张浪费的社会，需要继续发扬光大。

西方文化消极的一面虽以势不可当的趋势影响着我国青年一代，但我们有传统伦理这张盾牌，它时时刻刻都提醒着人们什么可为之，什么不可为之。

（二）强化传统伦理道德对个人的价值

在当代，人们对某些现象的评价往往受到多种评价标准的影响，导致道德评价处于失范状态，导致道德价值取向产生混乱。并且，传统伦理道德为迷茫中的人指明了正确的方向。

1. 有利于形成良好的政治品质

传统伦理思想源远流长、博大精深，其优秀的政治思想观念至今广为流传。这在很大程度上有利于当代大学生良好政治品质的形成。

（1）"以德治国"思想

传统政治观讲求仁义原则，倡导统治者"以德治国"。《论语·为政》载："为政以德，譬如北辰，居其所而众星共之。"为政者要想使自己的政治地位稳固，就必须以德治国。孟子也说："以力服人者，非心服也，力不赡也，以德服人者，中心悦而诚服也。"同时，孟子还主张"以不忍人之心，行不忍人之政"，这样"治天下可运之掌上"。

（2）"民贵君轻"思想

"以民为本"是我国优秀的政治思想之一，《尚书》载："民可近，不可下，民惟邦本，本固邦宁。"儒家、道家、墨家均提倡"民为邦本"的思想。孔子提倡"节用而爱人，使民以时""修己而安百姓""博施于民而能济众"的思想。孟子批判统治者无视百姓利益、横征暴敛，并提出"民为贵，社稷次之，君为轻"的观点。《管子》载："政之所兴在顺民心，政之所废在逆民心。"老子在《道德经》中提倡："以百姓之心为心。"他认为民众虽然卑贱，却是高贵的王侯赖以生存的基础。北宋政治家范仲淹也留下了"先天下之忧而忧，后天下之乐而乐"的警世名言。

（3）爱国主义思想

儒家的"忠孝观"和"舍生取义"思想铸就了大批的民族英雄。战国末期的屈原，在无力挽救楚之危亡而又无法实现政治理想的情况下投江自尽。汉代司马迁有"常思奋不顾身，而殉国家之急"的名言。北宋民族英雄岳飞其精忠报国的业绩永载史册，并留下了"以身许国，何事不敢为"的豪言壮语。清代顾炎武"天下兴亡，匹夫有责"的诗句至今都使人荡气回肠。

传统伦理道德的优秀政治观对我国高校的政治教育具有促进作用，它为高校的政治观教育提供了理论依据和丰富的素材，同时也对当代大学生的良好政治品质的形成具有重要的意义。传统的"以德治国"思想、"民为邦本"思想使大学生有了明确的政治理想、坚定的政治信念、正确的政治方向。传统的爱国主义思想对大学生的爱国主义教育起到了促进作用。同时，也有利于大学生形成集体主义思想，抛弃以个人为中心的观念。

2. 有利于形成良好的思想道德品质

在这个物欲横流的时代，人们似乎将过多的精力放在了对物质的追求上，而与物质生活同样重要的精神生活被放到了一角。原本重要的道德品质被人们渐渐忽视。而传统伦理道德精神的重现，有利于改变这一局面。

（1）传统伦理道德的重现有利于改善人际关系

当前社会，人与人之间被一层层紧闭的防盗门隔开，门里门外的人很可能出现"老死不相往来"的局面。当人际关系的这种冷漠趋势越来越严重的时候，我们呼唤传统伦理道德精神的重现。它所提倡的"仁爱之心""诚信之德"有利于促进人与人之间的相互理解、相互尊重；有利于促进平等、友爱、互助、团结的社会主义新型人际关系的形成。

（2）传统伦理道德的重现有利于使人们形成正确的价值观

传统伦理道德注重"义以为上""见利思义"的高贵品质，该品质有利于大学生在利益面前明辨是非。孔子一再提醒人们"君子喻于义，小人喻于利"，以此警示世人应该重义轻利。当代大学生肩负着建设祖国的历史重任，是社会主义事业的接班人，因此他们必须拥有正确的价值取向。传统的伦理道德有利于大学生树立健康向上的价值观，大学生在追求个人利益的同时，要想到集体利益；当个人利益和集体利益发生冲突时，要以集体利益为重。

（3）传统伦理道德的重现有利于引导大学生形成求真务实的态度

许多大学生怀揣着"一夜成名"的梦想，期盼着"天上掉馅饼"的好事，在各种选秀场地来回奔波而不惜牺牲自己的本职工作——学习，最后造成两手空空而归的悲剧。而传统伦理道德中的一些警世名言时刻提醒着大学生不要被物欲冲昏了头脑，在追求物质生活时要把握住度，不论做什么事情都要脚踏实地、求真务实，物质生活和精神生活两手都要抓。

此外，传统伦理道德还有利于大学生形成严于律己、宽以待人的"仁爱"思想；有利于大学生形成勤俭节约、艰苦奋斗的传统美德；有利于大学生形成尊老爱幼、诚实守信的高尚品质。因此，传统伦理道德对大学生思想道德素质的形成具有重要意义。

（三）强化传统伦理道德对家庭的价值

家庭是社会的细胞，家庭和谐有利于社会的稳定发展。生活中的恋爱、建立家庭，都是人生命中要经历的一个阶段。建立正确的婚恋观念是构建和谐家庭的基础，而弘扬家庭美德对维护和谐美满的婚姻具有十分重要和独特的作用。

1. 有利于形成正确的婚恋观

俗语说得好："男怕入错行，女怕嫁错郎。"婚姻是人生的头等大事，传统的婚恋观虽然以"父母之命，媒妁之言"为其婚姻基础，虽然存在"指腹为婚"等陋习，但是传统的婚恋观也有其精华。

（1）传统的婚恋观较注重人的品德行为

古语有云，"女子无才便是德"，一位称职的妻子可以没有文化，但是她必须具有良好的品德。"娶个贤德妻，垫好孝子贤孙基"，唐朝的长孙皇后以其贤德著称，在盛世群芳中登上了人间巅峰并流芳百世，以至于在她去世后的许多年，李世民再也没立过新的皇后。

（2）传统的婚恋观注重家教家风

《礼记·礼运》载："何谓人义？父慈、子孝、兄良、弟悌、夫义、妇听、长惠、幼顺、君仁、臣忠。"我国素有礼仪之邦之称，家教家风相当严格。人们到了谈婚论嫁的年龄，挑选配偶非常慎重，每个单身男女都喜欢挑家教好的伴侣缔结婚姻、组成家庭。

然而当代大学生的婚恋观似乎没有沿袭传统婚恋观的优秀成分。一些大学生崇尚"宁可坐在宝马里哭，也不愿坐在自行车上笑"的婚姻。伴侣的品德行为被放在了次要地位，他们更多的是追求物质方面的享受。谈恋爱的目的是结婚，而当代大学生的恋爱动机多样，婚姻在他们看来并不是恋爱的唯一目的。

传统的婚恋观有着注重人品德行为的美德，有着注重家教家风的光荣传统，这些精华之处在今天仍不过时，有着极强的现实意义，它将指引着当代大学生形成正确的婚恋观。

2. 有利于弘扬家庭美德

传统伦理道德蕴含着丰富的家庭美德观。几千年来，传统家庭美德观制约和规范着我国的家庭生活，维护着家庭关系的稳定。

"在家庭关系中，由婚姻结成的夫妻关系和由血缘结成的亲子关系是两种最基本的关系。"

（1）夫妻关系是家庭伦理道德的核心

在一个家庭中，先有夫妻，后有父子和兄弟。《礼记·昏义》载："昏礼姻者，合二姓之好，上以事宗庙，而下以继后世也。"夫妻双方要"夫义妇顺""相敬如宾""和睦相处"。其基本价值取向是积极的，是值得后人肯定和借鉴的。

（2）父慈子孝是家庭伦理道德最具特色的道德要求

《大学》载："为人子止于孝，为人父止于慈。"孝顺父母乃中华民族传

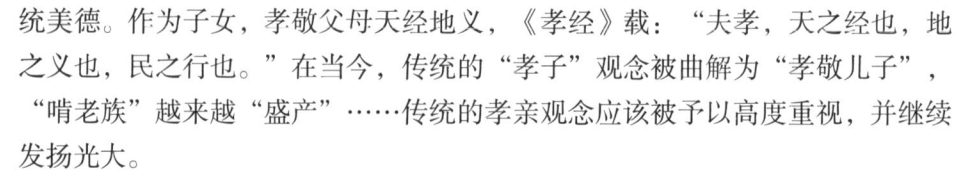

统美德。作为子女，孝敬父母天经地义，《孝经》载："夫孝，天之经也，地之义也，民之行也。"在当今，传统的"孝子"观念被曲解为"孝敬儿子"，"啃老族"越来越"盛产"……传统的孝亲观念应该被予以高度重视，并继续发扬光大。

（3）兄友弟恭是家庭伦理道德的重要内容

子曰："弟子，入则孝，出则悌。"以血缘为纽带的兄弟关系有利于家庭的和睦，长幼有序是很重要的。《史记·五帝本纪》载："使布五教于四方，父义，母慈，兄友弟恭，子孝，内平外成。"兄友弟恭被看成"内平外成"的重要因素之一。一些家庭中，兄弟之间常常为了各自的利益尔虞我诈、大打出手，弄得整个家庭都鸡犬不宁。最后，受伤最深的是年老的父母亲，骨肉相残，令之心碎。还有可能造成"老无所依，老无所养"的局面。总之，兄友弟恭是维系家庭稳定不可或缺的重要内容。

中国人自古重视家庭美德的培养，它是维护家庭和睦的重要因素。同时，家庭成为社会的细胞，家庭的和睦有利于维护社会的稳定。在离婚率逐渐上升的今天，夫妻和睦的传统美德应被大力宣扬。传统的家庭美德内容丰富，不仅提倡夫妻和睦，也大力宣扬父慈子孝、兄友弟恭。如果我们将这些优秀的传统美德带入学校德育的课堂，带到每个大学生的心灵深处，那么我们的社会会减少千千万万个支离破碎的家庭，取而代之的是千千万万个幸福美满的家庭。我们的社会这个大家庭也会减少许多不稳定因素，取而代之的是一个安定平稳的社会，一个繁荣富强的国家。

二、传统伦理道德的现代扬弃

中国传统道德是中华民族传统文化的重要组成部分，是中国古代思想家对中华民族道德实践经验的总结，对于中国传统文化、民族心理有着巨大的影响。今天弘扬中华民族的优良道德传统，对我国社会主义的现代化建设有着重大作用。这就需要我们对传统伦理道德中的精华加以继承、发扬，对糟粕加以摈弃、改造。

（一）传统美德应赋予时代新意

经过几千年的传承而发展至今的优秀传统道德，是古人留给我们的一大笔宝贵财富。其中所蕴含的思想和精神可以超越时空的界限，为不同历史时期、不同地域的人们所借鉴和利用，今天我们继承和发扬这些美德也是毫无异议的。但是，我们也应看到，这些优秀的道德传统是在特定的历史时期形成的，有其特定的内涵和外延，服务于特定的阶级。

因此，今天我们对这些传统美德的借鉴和利用，就不可能是对其本身的简单照搬照用，而应有一个发掘、提炼、再创造的过程。要完成这个过程，首先就要实现传统向现代的合理转换，使传统美德富有现代意义，为现代服务。

为此，必须对传统美德做出现代诠释，赋予其符合我们时代要求的新的含义，使其同现实衔接起来，为我们今天的政治、经济、文化服务。例如，中国传统道德中的"公忠观"，主要指臣民忠于封建统治者，忠于其王朝统治，今天对这种"公忠观"是应该继承的，但在社会主义时期，其内涵和外延都将发生变化，忠于社会主义国家，忠于中国共产党的领导，忠于有中国特色的社会主义路线，忠于共产主义，都是这种"公忠观"的体现。这正如孙中山先生对"忠"德所做的重新诠释一样："我们在民国之内，照道理上说还是要尽忠，不忠于君，要忠于国，要忠于民，要为四万万人去效忠。为四万万人效忠，比为一个人效忠要高尚得多。"这里，孙中山先生对古代的忠德已做出了符合当时时代要求的现代诠释，实现了传统向现代的转换。

再如，中国传统伦理道德中的"礼、义、廉、耻"四维，在古代它们分别指"不逾节""不自进""不蔽恶""不从枉"。到了今天，我们就应赋予其新的含义：礼，应该指对他人、对社会的文明礼貌行为；义，应该指助人为乐、捍卫正义的行为；廉，应该指忠于职守、廉洁奉公、全心全意为人民服务的精神；耻，应该指做人所具有的羞耻感以及对是非善恶的爱憎之情。如此加以再创造后的"礼、义、廉、耻"四维便具有了现实价值，可以更好地为现实服务。

对传统美德做出现代诠释，赋予时代新意，是我们继承和发扬传统美德，"为我所用"的必经阶段。对此，我们应学习孙中山先生的古为今用、推陈出新的方法。

（二）弘扬精华，除去糟粕

中国传统伦理道德经过几千年的发展锤炼，已形成了一个范围广泛、内容丰富的博大系统。这里面既有民主性的精华，又有封建性的糟粕；既有积极、进步、革新的一面，又有消极、保守、落后的一面，还有精华与糟粕相互结合，良莠混杂、瑕瑜互见的部分。这对于根植于民族传统道德的社会主义道德来说，对它的继承就绝不是一个简单肯定或否定的继承，而应该是一个弘扬精华，除去糟粕的继承，是一个经过咀嚼、消化的继承。只有这样，才能保证社会主义道德在吸收传统道德精华的基础上得到进一步的发展，融传统与现代为一体。那么，对于传统道德应该怎样去糟取精呢？

首先，对于那些在特定历史时期统治者为维护其统治而宣扬的，在我们今天看来是不合理的、落后的、属于糟粕部分的要予以弃除。如中国历史上统治者为安抚人们服从其统治而大力宣扬的"君为臣纲,父为子纲,夫为妻纲"的伦理思想,在要求人人平等,尤其是男女平等的现代社会中是不可取的。

其次,对于那些具有先进性、积极性,在今天仍可以继续沿用的精华部分是应该发扬的。如"夙夜在公"的整体主义精神,"己欲立而立人,己欲达而达人""己所不欲,勿施于人"的仁爱精神,"富贵不能淫,贫贱不能移,威武不能屈"的大丈夫精神,"天行健,君子以自强不息"的进取精神以及勤劳节俭、尊老爱幼、廉洁奉公、律己宽人、诚实守信等道德品质,在社会主义时期仍具有重要的社会价值,是我们应继承和发扬的。

最后,对于那些精华与糟粕交织在一起的混杂部分,就需要研究、分析,筛选出精华部分加以继承。例如,中国传统道德基本范畴中的"仁",在儒家那里指一种分等级、分厚薄的爱,因为这种次第等级的"仁"符合了统治者安稳政局的需要,所以一直予以提倡,但是墨家所指的"兼相爱"的"仁",即没有等级、厚薄之分的博爱被否定;今天,我们要继承这种"仁爱"精神,但也要排除其中的等级厚薄之分的成分,实行"博爱"。

再如,《论语》中"君子喻于义,小人喻于利"的思想,也是明显的精华与糟粕混杂的例子,因此,在继承时就要加以批判地分析。在今天看来,"君子"是指有道德的人,"小人"指那种只顾私利而没有道德的人。但是,在中国古代,"君子"除了指有道德的人以外,统治者还将自己自诩为"君子",将身居下位的老百姓、妇女和没有道德的人一并列入"小人"之列。

因此,他们总是强调自己是申明大义的,污蔑劳动人民是贪求蝇头小利的,统治者抛弃了"君子喻于义,小人喻于利"的前一种理解,即有道德的人是申明大义的,而没有道德的人是只知道私利的,其目的完全是巩固他们的统治;今天,当我们继承这种思想时,就要抛弃封建统治者的后一种理解,取其原本意义上的精华部分,并加以改造,使其在今天发挥更大的作用。

弘扬精华、除去糟粕,是我们继承中国传统道德的基本原则。我们要充分利用这一原则,发掘、吸收、改造传统道德,使之更好地为现代社会服务。

三、传统伦理道德对当今道德建设的借鉴意义

在建设适应市场经济和现代化的伦理体系过程中,针对我们如何从传统伦理思想宝库中提取和吸纳那些精华成分以建构新时代的伦理道德思想体系,可以从社会公德、职业道德、家庭道德三大领域入手。

（一）传统伦理道德对社会公德的启迪

社会公德作为人们在社会公共生活领域里自觉遵循的行为规范原则，对社会风气的好坏起着最直接的影响与制约作用。

传统的社会公德主要包括四个方面。

1. 提倡自然之德

无论是儒家提出的"天人合一"，还是道家强调的"道法自然"，无不反映了中华民族历来将保护自然、热爱生命、构建人与自然亲密和谐的道德关系作为社会公德的重要内容。

2. 主张互相尊重

在人际交往的过程中，古代哲人历来主张"仁者必敬人""敬人者，人恒敬之"，又如"敬让也者，君子之所以相接也""宁让而损己，不竞而损人"，这些都是中华民族最基本的公德要求。

3.强调诚实守信

荀子言："国者义立而王，信立而霸，权谋立而亡。"孔子曰："人而无信，不知其可也。"诚实守信是我们为人处世所崇尚的德行，是社会公德的基本规范，更是个人、团体、国家和民族的一种非常珍贵的道德资源。

4. 提倡尊老爱幼

儒家的大同理想是"老有所终""幼有所长"，孔子的理想社会也是"老者安之，少者怀之"，都在强调尊老在敬、爱幼在育，从而形成了中华民族尊老爱幼的优良传统，成为社会公德最起码的道德要求。这些规范只要剔除其中的封建糟粕，经过现代改造，对我们今天社会主义市场经济条件下的公德建设无疑有着重要的启迪作用。"中国传统伦理道德思想对当代公德建设的启迪，从道德修养的方法论来考察，还体现在诸如'慎独'境界的追求和敬畏之心的培植等方面。"

在我们的公德建设中，"慎独"境界之所以重要，是因为公共生活通常是与众多陌生人相处，因而公德最需要高度的自律精神去维系。同样的道理，中国古代伦理道德观念中诸如对善恶报应持敬畏之心一类的理论，对我们自觉地遵守公德也是大有裨益的。只不过我们必须剥去其中神秘主义的外衣，而代之以科学的因果必然性观念。事实证明，对扬善惩恶的因果必然性持一份敬畏之心，通常是我们自觉拥有公德心的一个重要心理机制。

可见，在当前的公德建设中，不仅可以从传统伦理的具体德目诸如仁、义、礼、智、信这样一些规范中直接吸纳见义勇为、诚信不欺等合理的思想

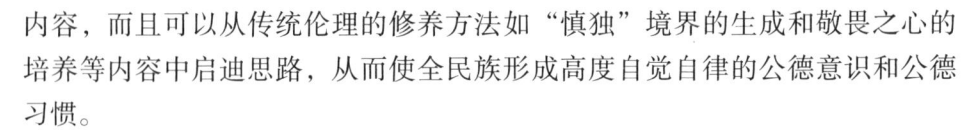

内容，而且可以从传统伦理的修养方法如"慎独"境界的生成和敬畏之心的培养等内容中启迪思路，从而使全民族形成高度自觉自律的公德意识和公德习惯。

（二）传统伦理道德对职业道德的启迪

职业是社会分工的结果，它是每一个人安身立命的基础。职业除了技能与专业的要求外，也有道德方面的要求，这就是职业道德。

古代哲人认为："读书者，当闭户发愤，只愧学问无成，哪管窗外闲事；务农者，当用力南田，唯知及时耕种，切莫悬耜妄为；艺业者，当居肆成工，务以技能取利，勿生邪念旷闲；商贾者，当竭力经营，一味公平忍耐，毋以奇巧欺人。"也就是说，各行各业都有其基本的职业道德要求，而敬业乐业是最基本的道德规范。春秋时代的《尚书》中，记载了官吏的道德规范："宽而栗，柔而立，愿而恭，乱而敬，扰而毅，直而温，简而廉，刚而塞，强而义。"在《孙子兵法》中对军人的职业道德规范则有如下的规定："将者，智、信、仁、勇、严。"对医德的记载，如唐代孙思邈"不得问其贵贱贫富、长幼妍媸、怨亲善友、华夷愚智"的自我医德的制定。以上这些都表明我国古代职业道德思想的产生几乎和社会分工的出现一样源远流长。

中国传统伦理道德对当前职业道德建设的现代启迪，首先表现在以儒家伦理道德思想为主干的传统伦理中的"义利合一"这一基本原则的现代阐发。在这个问题上，儒家的传统道德历来主张义利合一的基本原则。这个原则的基本内涵包括如下两方面的内容。一方面是见利思义，不谋不义之财，亦即所谓的君子爱财，取之有道。另一方面则是当义与利发生冲突时，自觉地恪守义在利前的原则，在必要的情形下做到舍利取义甚至不惜舍生取义。

显然，"儒家的这一义利合一思想，对于我们确立市场经济条件下的正确义利观，从而有效地改变当前职业道德生活领域里那些唯利是图的不良倾向，有着极富针对性的启迪作用"。不仅如此，中国传统伦理道德思想对职业道德建设的启迪作用，还体现在许多具体的职业道德规范中。比如教师的职业道德，韩愈在《师说》中曾把师德概括为"传道""授业""解惑"三个基本规范，这三个规范对于我们今天的师德建设无疑是有借鉴意义的。又比如医生的职业道德。中国古代医学著作在记载了丰富的医学知识的同时也记载有丰富的医学伦理规范和医德传统。古代医学家对医德的概括是合理和精当的，它对今天的医德建设显然也有着多方面的启迪意义。

（三）传统伦理道德对家庭道德的启迪

由于中国古代是一个以血缘关系为纽带建立起来的宗法社会，家庭生活是社会最基本的生活方式。这就决定了在中国古代的伦理道德传统中向来特别注重家庭道德的建设。

中国传统的家庭道德主要包括四个方面。一是勤俭持家。《尚书·大禹谟》说："克俭于家。"《左传·庄公二十四年》说："俭，德之共也；侈，恶之大也。"二是孝敬父母。中华民族一向认为孝敬父母是人类最基本、最自然的德行，"五刑之属三千，而罪莫大于不孝""孝者善事父母之名也。夫善事父母，敬顺为本，意以承之，顺承颜色，无所不至。发一言，举一意，不敢忘父母；营一手，措一足，不敢忘父母"。三是兄弟友爱。中国古代社会极力强调兄弟的手足之情，把兄弟友爱的道德观念灌注于人们心中，成为人们处理兄弟关系的道德规范，正所谓"兄弟同胞一体，弟敬兄爱殷勤；须要同心竭力，毋分尔我才真"。四是夫妻和睦。《诗经·小雅·常棣》云："妻子好合，如鼓琴瑟。"《李氏家法·宜室家第三》言："虽夫为妻纲，固当从夫之命；然妻言而有理，亦当从其劝谏。"

诚然，传统的家庭道德作为小农自然经济的家庭生活规范，渗透着许多宗法血缘的狭隘观念和封建等级意识，其中所宣扬的父为子纲、夫为妻纲、男尊女卑、三从四德等落后的、腐朽的东西是我们必须彻底抛弃和根除的。但是，它所包含的许多积极因素和合理成分，有助于协调家庭关系、促进家庭和睦。比如就传统美德中的慈、孝、悌、敬、贞而言，对现代的家庭道德建设的启迪就是多方面的："慈"的道德规范在去除了"父为子纲"之类的封建因素之后，在现代而言可以启迪父母在对子女进行抚养与教育时既要有一腔关爱之心，又要遵循爱而不溺的理性原则；"孝"的道德规范在摒弃了"父母在，不远游""不孝有三，无后为大"之类的糟粕之后，在现代而言则可启迪子女对父母、对长辈要有体贴关爱之心，要敬重、理解父母与长辈；"悌"的道德规范在去除了"以长为尊"的不平等因素之后，对我们当今在家庭的兄弟姐妹之中形成彼此敬重、相互关爱的道德情感氛围，无疑也是有启迪作用的；"敬"的道德规范在扬弃了繁文缛节的礼教成分之后，在现代则可启迪在家庭成员中确立一种彼此平等、相互尊重、彼此宽容和信任的基本道德规范；"贞"的道德规范剔除了与人性相左的禁欲主义的色彩之后，在现代而言，可以启迪夫妇双方在两性道德上履行忠诚、忠贞的道德义务。

作为传统文化中的重要组成部分，"传统伦理道德存在于文化中的各个层面，潜移默化地影响着中国传统文化在不同时期的内容表达和形式表现，并作为深刻的民族潜意识流传下来，我们需要客观公正地看待传统道德，并与时俱进地构建新时代的道德规范，推动现代社会和谐健康地长远发展"。

第三节 现代高校德育内容的构建

一、高校德育内容制定的依据

（一）依据德育目标

德育目标是德育活动的出发点和依据，也是德育活动的归宿，它对德育内容的确定和选择具有决定性的意义。这是因为德育内容是为德育目标服务的，德育内容就要依据德育目标进行选择和设计，而德育目标又是服务于教育方针和教育目标的，它根本上受社会政治经济发展状况的制约，不同社会，就会有不同的德育目标，其德育内容也是不同的。

（二）依据人类普遍的价值观

在价值多元化的社会里，德育要把传授人类普遍的价值观作为基础性内容。这种带有普遍性的价值观应当能融合东方与西方、传统与现代的思想精华，能被古今中外所有具有文明水平的社会及民族认同和珍爱，这也是选择德育内容的依据。例如，"己所不欲，勿施于人"的人际关系准则；再如，正直、善良、公正、尊重等，都是人类社会普遍的价值观。

（三）依据国家法律及指导性文件

宪法具有最高的法律效力，是确定德育内容的根本依据。《中华人民共和国宪法》第24条规定："国家通过普及理想教育、道德教育、文化教育、纪律和法制教育，通过在城乡不同范围的群众中制定和执行各种守则、公约，加强社会主义精神文明的建设。国家倡导社会主义核心价值观，提倡爱祖国、爱人民、爱劳动、爱科学、爱社会主义的公德，在人民中进行爱国主义、集体主义和国际主义、共产主义的教育，进行辩证唯物主义和历史唯物主义的教育，反对资本主义的、封建主义的和其他的腐朽思想。"

《中华人民共和国教育法》第6条规定："国家在受教育者中进行爱国主义、集体主义、中国特色社会主义的教育，进行理想、道德、纪律、法治、国防和民族团结的教育。"第7条规定，"教育应当继承和弘扬中华优秀传统文化、革命文化、社会主义先进文化，吸收人类文明发展的一切优秀成果"。该法在一系列教育法律规范中处于母法地位，具有最高的法律权威，是我们确定德育内容的基本依据。

中共中央国务院颁布的《关于深化教育改革全面推进素质教育的决定》明确提出："要加强辩证唯物主义和历史唯物主义教育，使学生树立科学的世界观和人生观。要有针对性地开展爱国主义、集体主义和社会主义教育，中华民族优秀文化传统和革命传统教育，理想、伦理道德以及文明习惯养成教育，中国近现代史、基本国情、国内外形势教育和民主法制教育。把发扬中华民族优良传统同积极学习世界上一切优秀文明成果结合起来。……针对新形势下青少年成长的特点，加强学生的心理健康教育，培养学生坚韧不拔的意志、艰苦奋斗的精神，增强青少年适应社会生活的能力。"

（四）依据社会政治经济发展的需要

德育是随着社会历史的发展变化而发展变化的，是具有历史性的。社会发展对德育内容提出了一定的要求，要求德育内容不断丰富和发展。

比如，在民主革命时期，德育的主要内容是肃清帝国主义、封建主义、官僚资本主义的影响，为完成新民主主义革命而奋斗。在今天，德育的内容是要坚持四项基本原则，保证改革开放顺利进行，为经济建设服务。

再如，在计划经济时代，我们往往只讲集体利益，不讲个人利益，强调集体主义原则高于一切，忽视了人的个性发展。今天我们所提倡的集体主义，应该是包含尊重人的个性发展，照顾个人正当利益在内的集体主义，而不是扼杀个性发展，否定个人利益的集体主义。这样，才真正称得上正确处理国家、集体、个人三者的关系。

（五）依据教育对象的身心发展规律

首先，德育内容要考虑教育对象思想品德发展的顺序性，循序渐进地促进学生发展。学生的思想发展是一个由低级到高级，由量变到质变连续不断的发展过程。我们对学生进行道德教育时，必须由浅入深、由简到繁，不能"拔苗助长"。

其次，德育内容要考虑教育对象思想品德发展的阶段性，对不同年龄阶段的学生，在教育内容的选择上应有所不同。小学生、中学生和大学生具有不同的身心发展特点，在德育工作中，就必须从教育对象的实际出发，针对不同年龄的学生，提出不同任务，采用不同的教育内容。

最后，德育内容要考虑教育对象思想品德发展的个别差异性。由于遗传基因、所处环境和所受教育的不同，学生在思想品德发展上存在着差异。学生在兴趣、爱好、意志、性格等方面，存在着个别差异。不同地区、不同学校、不同专业对学生的要求也各不相同，德育教育必须有的放矢，规定不同的德育内容。

二、高校德育内容的基本结构

（一）育人目标

德育育人目标是构建德育内容体系的最终目的和方向归宿。高校德育工作是我国教育体系的重要组成部分，作为影响人、改造人的社会实践活动，理应遵循新时代教育方针，牢牢把握"四个服务"的原则，始终坚持立德树人的教育任务，以人为本，将大学生的现实需要作为出发点和落脚点，不仅要在学生的头脑中建立科学的理论知识体系，更主要的是要以灵魂塑造引领学生的全方位发展，培育德智体美劳全面发展的社会主义建设者和接班人。

（二）育人主体

德育育人主体是开展德育工作的人力基础和基本保障。学生在接受思想政治教育的过程中，受各种社会关系的制约，一切人的行为习惯、思想观念都可能成为影响德育工作成效的因子。思想政治教育工作不是单单依靠专职教师、党务工作者就可以做好的，高校所有的教职工（包括教师、管理人员、服务人员、辅导员等）都承担着育人育才的重要使命。"环境是由人来改变的，而教育者本人一定是受教育的。"教育者的专业程度、师德水平、政治站位和道德修养都对大学生起着很强的表率示范作用，是德育工作的关键主体。

此外，大学生不仅是思想政治教育的作用对象，还是思想政治教育工作的直接参与者，是全方位育人体系中的核心主体。一方面，思想政治教育工作要从学生入手，围绕学生展开。另一方面，同辈群体的影响力量不容忽视。因此，要改变以往单向度的教育模式，调动学生自身的内在积极性、创造性实现自我管理、自我教育，引导学生在交互中自觉、主动地强化自身的学习意识和能力。

（三）育人过程

德育育人过程是体现高校全方位德育育人体系蕴含规律性、持续性和针对性的必要条件。任何事物的发展都是量变和质变的统一，不管是教育本身还是学习发展均具有过程性，是在不断地与外界进行信息交换和互动中实现的，这就要求思想政治教育不仅要贯穿高校教育教学的全过程，还要贴近学生成长成才的全过程。

全过程育人一方面体现在，高校思想政治教育工作要贯穿整个高等教育阶段，针对本科生、研究生的学习接受能力的差异，制订既符合思想政治教育的内在逻辑，又符合人的发展规律的教学计划，有侧重点地解决学生的现实问题。另一方面体现在，高校思想政治教育工作要实现与中小学阶段、社会发展需要的有效对接，减少不必要的重复性教育输出，体现教育工作的渐进性，提高效率，形成长效的育人机制。

（四）育人空间

德育育人空间是突出高校全方位德育育人体系"处处在育人"的客观环境的必要前提。思想观念在存在方式和状态上具有非线性的特点，开展思想政治教育工作，要从学科本质特点出发，创新心理育人、管理育人、资助育人、组织育人等多重路径，统筹各个环节、各个机构的育人资源，确保各项影响因素发挥其积极正向作用，营造无处不在的思想政治生活氛围和气息，形成由上而下、由内而外的立体化育人空间。

三、高校德育内容的基本特征

（一）丰富性

要将高大上的德育内容具体化，具体到高校大学生学习生活的方方面面，让德育无处不在。高校德育内容要丰富多彩，一个道理要用多种形式来表达，这样才会引起高校大学生的兴趣，从而增加高校德育课堂的趣味性。

从德育内涵看，德育是政治思想品质和道德品质教育。德育的具体内容包括以世界观、人生观和价值观为中心内容的思想素质教育；以政治方向、立场、原则、路线为主要内容，以爱国主义、集体主义、社会主义为基本线索的政治素质教育；以爱祖国、爱人民、爱劳动、爱科学、爱社会主义为基本情感，以社会公德、职业道德、家庭美德为基本内容的道德素质教育；以自尊、自爱、自律、自强为主要内容的个性心理素质教育。

从品质结构看，德育是知、情、意、行的品质培育。"知"指道德知识，主要包括对是非、善恶、美丑等行为准则及其意义的认识；"情"就是道德感情，是人的道德需求是否得到满足时所产生的一种内心体验；"意"即道德意志，是为了实现某种道德行为所表现出来的坚强毅力；"行"是道德行为，是人们按照一定道德规范采取的行为。德育内容既包括理论知识，又包括行为规范，还包括心理因素。

从社会关系看，德育内容隐含在个人与他人的社会关系中。道德本质上是规范人际关系的准则，其范围涉及人类生活和交往的各个方面。社会中的人总要进行各种不同形式的人际交往和社会交往。人具有相应的道德知识和规范是顺利交往的前提。从内容来源看，德育信息多种多样。现代人们从传媒中接受各种思想观点和信息，德育内容不仅来自课堂教学还来自社会活动，来自同学和亲友的联系，来自社会氛围和校园文化潜移默化的熏陶与影响。

从内容层次看，德育对象不同要求也就不同。总体上说，德育内容分为三个层次。处于较低层次的社会公共准则即社会公德，是全体公民都应共同遵守的最简单、最起码的行为准则；处于较高层次的社会主义道德，反映了国家和公民的根本利益，为广大公民所接受和实践；处于最高层次的共产主义道德，是具有先进性、崇高性和理想性的德育内容，为少数先进人物，特别是共产党员身体力行。

从素质要求看，德育是知识、能力和觉悟培养的统一。没有知识人类就无法思维，也不能产生思想观点；没有能力人们难以获取借以进行思维的各种信息、知识，直接影响人的思想认识和觉悟；思想觉悟对于人选择、掌握各种知识和发展各种能力，具有重要影响和制约作用。总之，掌握知识是增强能力的重要基础和条件，觉悟的高低又以一定能力为前提，且制约着知识掌握的快慢。所以，人思想观点的形成和发展是知识、能力和觉悟三者相互作用的结果。

从时代要求看，高校德育内容正在拓宽。富有时代特色的德育内容包括以下几点：①创新意识培养。创新是知识经济的灵魂，谁拥有高素质创新人才，谁就具备发展知识经济的巨大潜力。②生态意识培养。为确保人类社会可持续发展，德育必须倡导生态伦理精神，建构保护生态环境的生态价值观念和伦理规范体系，培养高校大学生生态意识和生态道德，促进生态文明建设。③终身学习观培植。终身学习是21世纪的生存理念。高校最根本的任务是培养高校大学生的学习兴趣、方法和能力，提高其研究能力和创新能力。④合作精神培植。现代社会的发展对人际交流与合作的要求大为提高，德育要加强对高校大学生合作能力的培养，使其树立合作精神。此外，科学价值观与道德观的培养，以及心理素质的培养，都是现代德育的重要内容。

（二）深刻思辨性

高校大学生已经具有了一定的认知能力，过于简单的内容，对其难以构成吸引力，唯独具有一定深度、发人深思的内容才能吸引他们的眼球。因此，在高校德育内容设置与安排上，要有一定的深刻性，能够激发大学生的好奇心，只有这样，才能增强他们参与的积极性，同时，也能增强他们的记忆力。

网络教育已融入社会主旋律。网络作为一种迅捷便利的传播手段对教育产生了不可估量的影响，远程教育、虚拟课堂、校园网课等都使教育资源获得了最充分有效的开发。网络对开阔高校大学生视野、拓宽他们获取知识的渠道具有积极意义。但网上一些不健康的内容也时刻诱惑、腐蚀着他们。网络教育通过价值观、道德判断力与意志力、网络道德意识及责任感的培植，可以提高大学生辨真伪、求真理、慎判断、善选择的能力，从而抵御不良信息，消除不良行为。网络既是德育途径，又是德育内容，运用网络进行主旋律教育，是一个有效的德育途径。

四、高校德育内容系统的构建

现代高校在进行德育内容构建时过分注重政治教育、理想教育和社会适应性教育，使德育在学校教育中没有真正独立的地位，也没有充分发挥其作用的空间。同时，这种思想滞后于社会历史发展进程，难以和现在的经济基础契合，致使这种德育模式缺乏坚实的根基。因此，为实现高校德育的目标，必须对其内容进行系统构建。

（一）高校德育内容系统构建的原则

1. 继承、借鉴与创新相结合原则

继承和创新是任何一门学科发展都必须坚持的原则。首先，必须坚持继承，没有继承就没有发展，没有继承，创新就成为无源之水、无本之木。在社会主义现代化建设的新时期，大力弘扬中华民族的传统美德，乃是我们每位教育工作者尤其是德育工作者义不容辞的责任和义务，其历史意义重大而深远。在建立和发展市场经济的大潮中，要让中华民族传统美德再焕发出新的光辉。

他山之石，可以攻玉。欧美等国德育内容的历史发展和思想资料为我们构建中国德育内容的新体系提供了许多有价值的借鉴经验。例如，重视学校德育，重视学生品格的培养，并把德性的培养放在教育的中心地位，主张通过发展受教育者对善的认识能力形成善良品格，许多国家都把培养公民的道德意识、责任心、合作意识、民主意识作为学校德育的根本内容。

创新是人类进步的手段，人类就是依靠创新使得人类社会从原始文明走向现代文明的，教育本身就是人类最伟大的创造活动。德育内容的创新，一是社会发展的客观要求，社会主义市场经济体制的发展，引起了人们思想观念上的深刻变化，一些新的价值观念逐渐成为人们的主体价值标准和道德规范，影响着人们的生活，改变着社会的面貌，推动着社会的发展。二是德育学科本身自我完善的需要。这是因为德育的目标不是一成不变的，而是随着时代的发展而发展的。就拿传统美德教育的内容来说，它也有一个"现代化"问题，即赋予传统美德新的内容，我们所弘扬的中华民族的传统美德，是剔除糟粕后的精华，但这并不意味着它再也不存在丝毫的封建阶级的烙印，也并不是我们无须

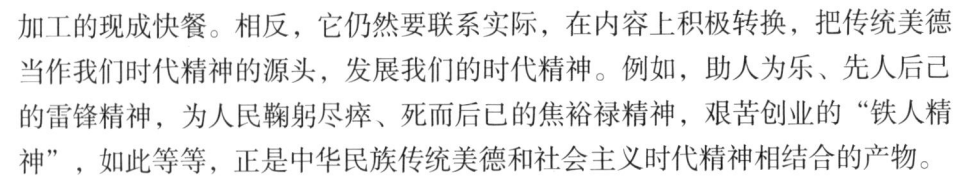

加工的现成快餐。相反，它仍然要联系实际，在内容上积极转换，把传统美德当作我们时代精神的源头，发展我们的时代精神。例如，助人为乐、先人后己的雷锋精神，为人民鞠躬尽瘁、死而后已的焦裕禄精神，艰苦创业的"铁人精神"，如此等等，正是中华民族传统美德和社会主义时代精神相结合的产物。

2. 基础道德与高尚道德相结合原则

道德是分层次的，低一层次的是社会所允许的；较高一层次的是社会要求每位公民必须做到的；再高一层次的是社会所提倡的。学校德育应定位于"社会要求每位公民必须做到的"这一层次。因为学校教育是基础教育阶段，它的特点有两个：一是全民性；二是非终结性。学校并不承担人才培养的终极任务，但它为人的终身发展打下了基础，这就决定了学校的德育内容是普适性的。德育的目标是教人做人，做一个高尚的人，为此，德育的内容在注重基础道德教育、夯实做人的基础之上，还要强化高尚道德教育的内容，对学生中涌现出的优秀分子要不失时机地进行引导，为他们能够成长为共产主义者奠定基础。

3. 回归生活与主体选择相结合原则

康德曾说，道德是人为自身立法。也就是说，道德是个体内在的自觉需要。德育不仅应关注学生是否有或有多少道德知识，更应该关注的是，学生体验到了什么，追求什么样的体验，以及如何感受自己的体验。道德是为人而存在的，道德是人的道德，人是道德的主体。人们是为了生活而培养个体的品德和提升道德水平的，并不是为了道德而道德。德育的本质意义在于不断地塑造和完善道德人格，其内核是影响人格，进行主体选择，形成德性。因此，德育内容的选择应遵循学生自身发展的内在逻辑。这样，德育才不会被受教育者视为一种"异己"的力量，才能真正成为一种解放的力量和创造的力量。

4. 普世伦理与道德文化传统相结合原则

21世纪，世界各国都不同程度地受到两种看似矛盾实则相关的思潮的影响，一是全球意识，二是寻根意识。普遍伦理是一种面向全体社会成员、为社会成员普遍接受并普遍遵守的道德规范，是全球经济一体化浪潮的反映。中华民族的道德文化传统是指中华民族五千多年来各代祖先根据实际情况，为生存发展而创造、改造、传播的道德文化的总称。

中华民族的优良传统主要有：团结一致的传统、独立自主的传统、爱好和平的传统、自强不息的传统。发扬中华民族的道德文化传统，有助于构建德育内容新体系。如何在价值理念与文化模式的相互渗透和激烈碰撞中，既保留本国优秀的道德传统，又吸收普世伦理的有益成果，从而在全球化进程中占据一席之地，已成为世界各国面临的严峻课题。

所以，建设当代德育内容体系既要具有民族性，又要体现国际性，前者要求新体系具有纵向开放的功能，使中国德育内容"一脉相承"，并指向未来；后者要求该体系具有横向开放的功能，使中国德育内容"兼容并蓄"，在国际舞台上顺利"对话"，并能独树一帜。

5. 社会需要与个体精神需要相结合原则

德育既要满足社会需要又要满足个体精神需要。德育要满足社会需要就要做到以下几点：一是个体需要符合社会需要时，用社会需要去提升个体需要；二是个体需要不符合社会需要时，要从社会需要出发对个体需要进行引导和纠正；三是社会需要而个体没有产生这种需要时，就要从社会需要出发，激发学生的个体需要。德育要满足社会需要这是无可非议的，因为德育本身就是为本社会利益服务的，人的个体需要是在这一目标之下实现的。但在一个相当长的时期内，德育内容的确定只考虑社会需要，忽视教育对象的心理特点和个体精神需要，使德育没能很好地发挥满足个体精神需要的功能。由此可见，德育满足个体精神需要就会促进个体个性的发展，而无数人的个性发展必然会推动社会的发展。所以，在对德育内容进行选择时，应对学生个体的精神需要予以重视。

6. 层次性、系统性与针对性相结合原则

德育基本内容中的任何一个德育内容条目，其本身就是一个由低至高、由浅入深的多层面的复合体。

因此，德育基本内容本身客观存在的这种多层次性，为德育内容的系统性提供了客观依据，而人们思想品德发展本身所具有的一定的顺序性和阶段性，则为德育内容的系统性、针对性提供了可能性。如美国德育的内容较好地解决了层次性问题。如进行爱国主义教育，小学讲故事，中学讲历史，大学讲理论，这种由浅入深的循序渐进的设计和安排，就符合教育对象的认知规律。

中国宋代教育家朱熹在长期的德育实践中总结出的"小学学其事，大学穷其理"的德育内容的层次性问题，是极富启发性的。针对性是指德育内容要密切联系学生生活实际，在实施过程中，片面地强调系统性忽视针对性，容易使德育空对空，只讲针对性忽视系统性，容易使德育处于头痛医头、脚痛医脚的被动状态，只有把二者有机地结合起来，才能提高德育实效。这就要求德育内容系统性的构建不仅要依据德育内容自身的逻辑联系，还要考虑学生的日常生活和心理发展规律。

7. 多元价值并存与一元价值导向相结合原则

当今社会复杂多变，培养学生的主体选择能力是时代的需要。但主体选择本身没有明确的方向，主体可能选择善，也可能选择恶。在价值取向多元化的今天，学生在接受学校教育之前和在受教育的过程中，无不受到来自社会和家庭的多元化价值取向的影响，因而会不同程度地形成多元化的价值观。

多元化的价值观念中有真、善、美，也有假、恶、丑，学校德育应该坚持以一元化价值为导向，指导学生学会分辨是非、善恶、美丑，培养学生选择真、善、美的能力。一元化价值导向是指德育不能是多元的，要坚持用一种正确的价值观念对多元价值观念进行引导，这种一元化的价值导向在我国就是辩证唯物主义和历史唯物主义，这是因为辩证唯物主义和历史唯物主义为德育内容的制订提供了科学的世界观和方法论。

（二）高校德育内容系统构建的思路

1. 弘扬主体性教育

高校德育的泛政治化倾向过分强调德育的政治品性，使其呈现出外在化、工具化特点，这造成了德育"培养人"这一内在价值的缺失。因此，高校德育内容构建的出发点应由"德育＝政治教育"转向"德育＝政治教育＋主体德育"，即在坚持正确的政治方向的同时，以提升受教育者的主体地位和品性为终极目标。所谓主体德育，简单地说，就是以学生为主体、教师为主导的德育，发展学生的主体性是主体德育的根本目的。

主体性是人的本质的最根本属性，发展人就是要发展人的本质属性。高校作为培养高级人才的地方，其德育的基本功能就是要发展人、完善人，因此，高校德育的根本目的就是要发展和培养受教育者的主体性，突出主体教育也就应成为高校德育内容系统构建的出发点。

弘扬主体德育是实现高校德育内容全面构建的关键。主体德育体现了现代高校德育以人为本的精神，突出了德育内容建构与实施中的主体，突出了主体德育的全面发展。它以培养具有现代政治素质、思想素质、道德素质、法纪素质和心理素质的主体人格为根本，从深层次上把握住了高校德育发展的关键要素——学生主体，因而也就从根本上实现了高校德育内容的全面构建。德育本身是一种主体性很强的实践活动，作为一种有目的地培养受教育者德性的活动，高校德育是通过促进主体人格化来展开的，而主体人格化过程就是人的主体性素质（政治素质、思想素质、道德素质、法纪素质和心理素质）的不断培育和展现的过程。因而，在本质上高校德育就是一种关照受教育者的主体性的活动，德育过程也是一种对受教育者的主体素质进行全面培育的过程。只有实施主体德育，即对德育主体全面进行政治教育、思想教育、道德教育、法纪教育和心理教育，才能真正实现高校德育内容的全面构建。

2. 彰显现实性教育

人的德性主要来源于现实生活，当今社会的政治、经济、文化、科技等无一不对把高校德育等同于理想教育提出了挑战。因此，高校德育内容构建的基础应从天上搬回人间，回归现实，扎根于生活实际之中，实现德育内容的生活化、层次化和现实化。

先进文化中的思想道德决定着整个文化的性质，指引着整个文化的发展方向，并为科技发展和经济发展提供精神保障和人文基石。高校德育在先进思想道德文化建设中担负着重要使命。只有将构建高校德育内容体系放在建设社会主义先进文化的视野中认识和实践，才能增强德育在现实中的作用和吸引力，使之为广大人民的根本利益服务，并以此来指导物质生活和科学技术顺着合乎理性的方向发展，从而在最终意义上推动社会生产力的发展。

3. 凸显个性化教育

（1）树立德育的个性化教育理念

只有个性化的德育工作者才能培育出个性化的学生。俄国教育家乌申斯基指出："教育者个人不直接作用于受教育者，就不可能有真正渗入性格的教育。只有个性才能作用于个性的发展和形成，只有性格才能养成性格。"理念是行动的先导，不具备个性化教育理念的德育工作者，不但不能有意识地发挥个性化教育的主导作用，甚至会盲目地在学生的个性发展中起阻碍作用。只有德育工作者树立个性化教育理念，并在工作中践行，才能尊重学生的个性、发展学生的个性，促进学生个性的发展与完善。作为新形势下的德育工作者，应不断超越自我，紧跟当前个性化教育改革步伐，更新传统德育观念，树立个性化教育理念并付诸实践，为促进学生个性和谐发展发挥积极作用。

（2）建立个性化德育机制

①建立学生个人特点分析机制。建立学生个人特点分析机制是开展个性化德育工作的前提。德育工作者要在掌握学生集体情况的基础上进一步深入了解学生个体情况，可多途径收集学生个人资料与信息，为分析学生个人特点提供多层面、多角度的参考。如利用学生个人信息采集表、心理测试表及价值观测量表等表格采集学生个人资料与信息并进行定量与定性分析；留心观察学生个人的平时表现，因为平时表现是无意识的，最能真实可靠地体现学生个体的思想状态；了解他人对学生个人的评价，从教师、家长、同学等角度了解他们对

学生个人的评价；听取学生个人的自我评价，自我评价体现了学生个人的自我认识水平，有助于德育工作者依据学生自我评价恰当地帮助学生在正确认识自我中积极完善自我。当然，条件允许的学校还可以考虑进一步建立专门研究团队对收集的学生个人资料与信息进行全面分析，并将分析结果反馈给德育工作者，让他们在此基础上因势利导，力求"一把钥匙开一把锁"，帮助学生个人完善人格。

②建立鼓励个性发展的学生品德评价机制。建立鼓励个性发展的学生品德评价机制是开展个性化德育的关键。没有评价就不知道好坏，没有将学生的个性化发展纳入学生的品德评价机制，便不能评估学生个性发展的好坏。只有将个性发展作为学生品德评价的重要指标，才能促进德育工作者加强个性化德育工作，促进学生的个性化发展。

（3）建立个性化德育工作的检查督促与激励机制

建立个性化德育工作的检查督促与激励机制是开展个性化德育工作的保障。完整的个性化德育机制，既包括学生个人特点分析机制，又包括鼓励个性发展的学生品德评价机制，还包括检查督促与激励机制。建立个性化德育机制，需要学校给予人力、物力和财力的支持。要保证个性化德育效益最大化，有必要对各单位开展的个性化德育工作进行检查并根据检查结果完善整改；同时，对个性化德育工作取得优良培养效果的单位和个人应给予有效奖励。

第七章 传统文化视角下的高校德育创新的路径探讨

中国传统文化是中国各族人民共同创造出来的优秀文化，同时也是中国传统价值观、信仰、习俗和制度等的文化综合体，在很大程度上体现了国家的综合软实力。随着经济全球化的加速发展，各种西方文化思潮不断涌入，不可避免地影响了大学生的传统价值观念。所以，在如今大力弘扬社会主义核心价值观的背景下，深入研究高校德育的创新路径具有重要的意义。本章分为传统文化德育价值开发利用的基本原则和传统文化视角下高校德育创新的基本路径两部分。主要内容包括：多样性与前瞻性原则、导向性与实践性原则等方面。

第一节 传统文化德育价值开发利用的基本原则

一、多样性与前瞻性原则

我国是多民族国家，我国的优秀传统文化由各民族共同创造，多样性源于其包容并蓄，面对外来文化不断地融合、吸收。历史上，我国民族文化吸收了佛教、印度教、基督教等许多他国文化的成分，具有海纳百川、地承万物的气魄，为我国的发展壮大和人类文明的进步做出了重大贡献。

我国优秀传统文化的前瞻性主要体现在对中华民族伟大复兴事业的指导上。其价值观与丰富内涵对实现中华民族伟大复兴具有现实意义。其一，大一统与爱国主义精神是所有炎黄子孙推崇的民族大义，有利于唤醒人民的爱国热情，也是国民的精神支柱。其二，对理想人格的追求是国民的精神基因，有利于指导人民建立高尚的品格。其三，中国传统文化一项以和为贵，有利于我国与他国建立外交关系。

二、导向性与实践性原则

只有在实践中坚持正确的导向，才能获得成功。在我国高校德育实践中，应该以中国特色马克思主义理论为指导，始终坚持辩证唯物主义与历史唯物主义相结合，围绕社会主义核心价值观，从我国传统文化中去粗取精、去伪存真，批判地继承。

我国优秀传统文化对现代高校德育工作具有实践指导意义。在实践中，要予以利用、保护和发扬，努力维护我国的民族特色，完善高校德育体系，丰富高校德育课堂。

三、坚持正确指导方向与批判继承原则

（一）坚持正确指导方向

1848年《共产党宣言》的发表，宣告了正确指导方向的诞生。自其诞生之日起，正确指导方向便以势不可挡之势日新月异地发展起来，指导着世界各地无产阶级的革命斗争与社会主义建设事业。正确指导方向之所以成为指导各地无产阶级革命事业的科学理论，是因为其始终能够与各国革命的具体实际相结合，不断形成新的理论成果，保持了其自身的生机与活力，并推进了无产阶级事业的不断向前发展。正是在它的指导之下，近代中国才逐渐摆脱了半封建半殖民地的受压迫状态，建立起社会主义新中国，走上独立自主、自力更生的社会主义发展之路。

我们必须坚持将正确指导方向作为我国德育工作的指导思想，在中国传统文化与德育相融合的研究中，要正确把握中国传统文化与德育的内在关系，正确把握中国传统文化在当代德育中的应有地位。应该说，对中国传统文化的研究必须坚持以正确指导方向为指导，我们在挖掘中国传统文化中的德育资源时，必须将中国传统文化视为德育理论的支援性资源，而不能本末倒置。

（二）坚持批判继承的原则

在探讨中国传统文化应该如何融入德育这一问题之前，我们有必要了解清楚中国传统文化与现代化之间的关系。对于二者的关系，有学者认为，"传统文化与现代化的关系大体包括四个方面。一是契合性。比如，自强不息的进取精神、诚信为本的价值观念，可以成为现代化的内在动力。二是冲突性。比如，传统的等级观念与现代的平等理念，群体至上与个性发展，中庸之道与社会竞争，都存在着矛盾和冲突。三是潜现代性或准现代性。比如，传统文化中的'民贵君轻，民为邦本，本固邦宁''水可载舟，亦可覆舟'，必须经过创

造性转化，才能为我们所用。四是后现代性。在对人文精神的弘扬方面，现代新儒学体现了某种后现代性，这是人类思想螺旋式发展的反映"。也就是说，在中国传统文化中，既存在着可以直接古为今用的德育资源，也存在着完全不适应当代德育需求的糟粕性内容，还存在着必须要经过现代转化才可以发挥作用的德育资源。因此，我们应当本着"取其精华、去其糟粕，古为今用、推陈出新"的原则，理性分析中国传统文化对于当代德育的价值。

1. 坚持批判性原则

批判性原则是指对待文化不应该完全地接受或否定，而应该批判地继承。这也正是我们对待中国传统文化的正确态度。与世界上任何一种文化相同，中国传统文化，既存在精华也存在糟粕，中国传统文化中的优秀精华培育了我们的民族精神，而中国传统文化中的糟粕也形成了我们的国民劣根性。

因此，在中国传统文化与德育相融合的过程中，我们应该秉承"取其精华，去其糟粕"的批判性原则，对中国传统文化进行理性审视，在吸收、融合其优秀精华的同时，还要对中国传统文化中的糟粕进行认真的批判和清算，以消除其对人们的思想造成的不良影响，使其适用于我国当前的德育。相反，如果我们照搬中国传统文化而不对其进行理性审视，就可能将其中的糟粕内容也一并带入德育中，从而对德育的发展产生阻碍的作用。

2. 坚持创新性原则

中华文明之所以延续五千多年，是因为中国传统文化本身具有兼容并包的自我革新精神，它在与各种外来文化的不断碰撞中，借鉴、吸收其精华，并将其内化于自身，不断突破自身的缺陷，从而实现了自身的创新发展。但是，近代中国之所以衰败，是因为它的闭关自守，它无法突破自己的缺陷，从而为同时期极富扩张精神的西方文明所超越。所以，我国目前的德育只有不断借鉴吸收西方其他文化中的优秀德育资源，才能改变其自新中国成立以来的"重意识形态说教轻文化"的弊端，才能改变其陈旧的内容与模式。

3. 坚持适度原则

作为德育教育学科的研究方向之一，中国传统文化与德育的融合研究是在诸多学科领域的交叉视野中进行的。我们在研究中必然要借用其他学科的理论成果，如中国哲学史、中国教育史中关于古代道德教化理论及其运行模式的研究，中国伦理学史、中国德育史中关于古代道德教育理论的研究，以及其他学科的研究方法，如中国哲学关于古代经典的解释方法、对中国传统文化价值的解读方法等。

但是，应当注意的是，这些学科的研究成果只是从方法论与研究内容上为我们提供了借鉴，而并不能取代德育教育学科的独立思考。只有在研究中凸显德育教育学科的独特立场，才能够使得这一研究方向不至于淹没在其他学科领域中无法脱身。因此，借鉴其他学科的研究成果或研究方法必须是适度的、有条件的，决不能把其他学科的研究内容照搬过来，或者用其他学科的内容来拼凑德育的内容。

4. 坚持渗透性原则

与强制灌输原则不同，渗透性原则强调了文化对人的熏陶感染，使人们在潜移默化中主动接受新的知识、技能或思想观念等，它有助于发挥受教育者的积极性和主动性。因此，在将中国传统文化融入德育的过程中，就要注重渗透性原则在德育教育实践中的运用，让人们在潜移默化中培养良好的思想道德素质。

5. 坚持互补性与互容性原则

长期以来，我国的德育实践往往过分关注其意识形态功能，而忽视其文化功能，这就使得德育一直偏重于简单空洞的理论说教和意识形态的直接灌输，进而使其人文精神受到蒙蔽。中国传统文化的教育方式，则正好弥补了现代德育教育模式的不足，二者存在一定的互容性、互补性。二者的互容互补，有助于弥补我国当前德育教育模式的不足，进而增强德育的实效性。

第二节 传统文化视角下高校德育创新的基本路径

一、传统文化视角下高校德育的创新路径

（一）明确高校德育工作的原则

1. 立德树人，全面融入

将中华优秀传统文化融入高校德育工作，"融入过程"就是引领当代大学生重新确立起他们的核心价值观的过程，必须遵循价值引领这一原则。将中华优秀传统文化融入高校德育工作，不是要另起炉灶，推翻以前高校德育工作已有的成果，而是兼容并蓄，将社会主义核心价值体系作为当代大学生的精神核心，教育和引领大学生进一步坚定理想信念，增强民族自豪感，巩固他们的精神支柱，使其形成共同为社会主义事业做贡献的理想信念，进一步完善当代大学生的人生观、价值观。同时，要注意处理好中华优秀传统文化在融入过程中

与社会主义核心价值体系之间的关系，坚持继承与创新相结合，坚持有目的、有规律地结合，以社会主义核心价值体系为核心，以中华优秀传统文化为主体，对高校德育工作进行整合与创新。

在将中华优秀传统文化融入高校德育工作的过程中，最重要的是要以社会主义核心价值体系为指导，全面改进和创新高校德育工作，努力推进高校德育工作的实践创新，既要在具体的实践活动中落实社会主义核心价值体系的基本要求，又要以实践活动为载体，不断用中华优秀传统文化的内容来丰富社会主义核心价值体系的基本内容。对当代大学生而言，要提升中华优秀传统文化对他们价值观的有效引领，就必须加快中华优秀传统文化融入高校德育工作的速度，增强其对当代大学生价值观的整合力，这个整合工作必须结合高校德育工作的实践要求。也就是说，通过融入中华优秀传统文化而整合形成的大学生价值观，既符合大学生的基本需求，又能发挥其实际的引导作用。

在新形势下，高校德育工作应以科学发展观为指导，创新德育工作理念，提高工作效率，努力培养社会主义事业的合格建设者和可靠接班人，将中华优秀传统文化融入高校德育工作，不断提高德育工作的针对性、实效性，积极探索新形势下高校德育工作的新途径，开创高校德育工作的新局面。"融入过程"的价值观整合引领也正是高校德育工作实现创新发展的动力源泉。

首先，"融入过程"的价值观整合引领是高校德育工作坚持正确政治方向的具体表现。中华优秀传统文化融入高校德育工作，其融入过程中必将高举中国特色社会主义伟大旗帜，把培养中国特色社会主义事业的建设者和接班人作为根本任务，不断提高大学生的政治素质和文化修养。

其次，"融入过程"的价值观整合引领是高校德育工作内容不断丰富的体现。将中华优秀传统文化这一宝贵历史、文化财富融入高校德育工作，在引领高校德育工作创新发展的同时，也要把社会主义核心价值体系作为一个内涵丰富、逻辑严谨、意蕴深厚的有机整体，丰富新时期高校德育工作的内容体系，使新时期高校德育工作具有鲜明的时代性、针对性和实效性。

最后，"融入过程"的价值观整合引领是高校德育工作途径不断创新拓展的重要体现，将中华优秀传统文化融入高校德育工作的各个方面，就是要不断拓展大学德育工作的途径、方法，以此来提高对当代大学生进行德育工作的效果。高校既要将中国优秀传统文化融入高校德育工作的各个环节，又要将中华优秀传统文化融入大学生成长的各个方面，从而形成高校德育工作的良好氛围，进而从整体上引领大学生价值观的正确形成。

2. 继承精华，批判融入

我国有着五千年的悠久历史，传统文化在历史的长河中不断积累、发展流传到今日，并且将随着社会的变革发展，一直流传下去，将我们与过去、未来连接在一起。

中华优秀传统文化内涵丰富、外延宽泛，在将其融入高校德育工作时，我们要有选择地继承，要取其精华，去其糟粕，将传统文化中精华的部分融入高校德育工作中，而不是进行一个笼统的、囊括性的融入。将中华优秀传统文化融入高校德育工作是一个复杂的系统工程，在此过程中，我们要以马克思主义为指导，在社会主义核心价值体系的视野下，用实践活动来检验中华优秀传统文化。中华传统文化的价值核心是"中和"，《中庸》有载："中也者，天下之大本也；和也者，天下之达道也。致中和，天地位焉，万物育焉。"这是整个中华传统文化的核心，也是需要我们继承和发展的理念。

要把中华优秀传统文化融入高校德育工作，必须做到三个方面：一是挖掘中华优秀传统文化的家国情怀，提升当代大学生的政治素养；二是发掘中华优秀传统文化的道德理想，培养理想人格。

3. 以文化人，渐进融入

高校德育工作不仅外延广泛，而且会随着时代的变迁而不断深化和变革，德育的教授者与接受者各有其不同的利益。因此，中华优秀传统文化融入高校德育工作，是一项长期的系统工程，面对新时期的大学生群体，要把握好"渐进式融入"的原则，主要包括以下几个方面：

（1）针对性

由于人们在社会生活中的社会地位不同，所以其对社会经济发展所持有的观点也不尽相同。也许，思想的多元化是社会发展总趋势的一种进步，但落实到具体情况中，思想的多元化会在一定程度上造成社会思潮的复杂化，从而产生一定的负面影响。将优秀传统文化融入高校德育工作的一个重要条件，就是必须有针对性地研究接收对象这一群体，进行有的放矢地融入与引导，这样才能在融入过程中有力地增强中华优秀传统文化的感召力与高校德育工作的凝聚力，把科学的理论转化为自觉的意识与行为。

（2）自主性

时代在发展，社会在进步，时代的变革大大提升了人们进行自主选择的能力。在这一时代背景下，高校德育工作者应该考虑怎样用优秀传统文化来教育和引导当代大学生，使他们树立正确的世界观、人生观和价值观，从而使他们在信念、理想等方面的自主选择上，既具有充分的自由选择空间，又不会与社会主义核心价值体系发生背离。

（3）发展性

事物总是变化发展的，当代大学生思想活跃，容易受到新生事物的影响，他们的思想观念也从来没有停止过变化。所以，在将中华优秀传统文化融入高校德育工作的过程中，高校德育工作者必须深入研究当代大学生思维发展变化的规律，把握不同的思想观念和教育方法，用社会主义核心价值体系与中华优秀传统文化的文化因子引导他们，不断与时俱进。否则，即便是将中华优秀传统文化融入高校德育工作，也会因为没能认清当代大学生思想认识的变化而影响融入的效果，达不到德育工作育人的目的。

（4）以人为本

这是科学发展观的要义，也是将中华优秀传统文化融入高校德育工作的关键。以往的德育工作中，由于受到"官本位"思想的影响，高校德育工作者往往以管理者的身份自居，与大学生的关系也异化成管理者与被管理者的关系，使得以往的高校德育工作僵硬、死板，难以开展。

因此，在将中华优秀传统文化融入高校德育工作的过程中，一定要坚持以人为本这一原则，要尊重人，还要最大限度地调动高校德育工作者与大学生的主观能动性，让人的潜力在社会主义核心价值体系和中华优秀传统文化的感召下得到充分发挥，以大学生全面发展为主要目标，真正做到尊重人、理解人和关心人。要强调以正面教育为主的原则，深入进行素质教育，加强大学生对德育工作的理解和对中华优秀传统文化的学习，从而促进大学生思想道德素质、科学文化素质、健康素质和人文素质协调发展，引导大学生勤于学习、善于创造、甘于奉献，成为有理想、有道德、有文化、有纪律的合格的社会主义事业接班人。

4. 广拓渠道，立体融入

中华文化积淀着中华民族最深刻的精神追求，是中华民族生生不息、发展壮大的丰厚滋养；中华优秀传统文化是中华民族的突出优势，是我国文化软实力的最深刻体现。把中华优秀传统文化融入高校德育工作，要广开渠道，构建立体式融入平台，而不应仅限于将融合工作局限于大学校园范围内，要积极动员全社会力量，采取以下措施：

①政府、学校、社区、家庭要相互协作，营造重视中华优秀传统文化的社会风气和良好氛围，形成开展中华优秀传统文化教育、弘扬中华优秀传统文化

的合力。美国高校就高度重视整个文化社会环境在影响学生道德举止上的重要作用。

②要充分发挥大众传媒在中华优秀传统文化教育中的引导、宣传和教育作用。尤其是充分运用移动互联网的实时传递功能，建立相关的技术平台，加强交流与资源共享，以此来达到我们需要的宣传目标与效果。

③整合各种社会资源。利用博物馆、纪念馆、美术馆、音乐厅、剧院、电影院、书画摄影展、民俗村、故居旧址、具有历史文化风貌的街区、名胜古迹、文化遗产等，建设一批中华优秀传统文化的教育教学和实践基地，组织学生进行实地考察，实地开展传统文化教学，集中进行历史文化教育。

④通过多种渠道、多种途径，积极将中华优秀传统文化融入高校德育工作，同时也要在全社会范围内形成学习传统文化、弘扬传统文化、继承传统文化、创新传统文化、发展传统文化的优良风气，要让大学生在浓厚的优秀传统文化氛围中，自觉形成正确的世界观、人生观和价值观。

⑤坚持大学德育课堂教育与社会实践体验相结合。既发挥课堂教学的主平台作用，又注重发挥课外活动和社会实践的平台作用，这样能根据不同层次学生的特点起到针对性教育的作用，区分层次，突出重点，加强整体衔接，在发挥学校德育教育作用的同时，也要加强与家庭、社会之间的联系，从而形成教育合力，形成立体性融入平台，推进中华优秀传统文化融入高校德育工作的进程。

（二）优化高校德育课堂教学

1.加强学科渗透

在德育教学中，借鉴中国优秀传统文化的教化功能，推进高校德育课教学。吸纳优秀传统文化的精华，把对学生道德素养的培养与精神文明建设、传统文化学习相结合，真正体现德育课的传统文化教育意蕴。

高校要以人文精神的铸造为核心，系统、合理、完整地构建适应人性发展的人文学科课程体系，同时要注重学生实践能力的培养，使学科发展与社会进步同步。同时，要根据课程性质和内容，结合实际挖掘优秀传统文化中的专业教育资源、思想政治教育资源、人文素质教育资源和心理健康教育资源，加强民族传统文化和人文精神的全方位渗透，增强大学生的文化底蕴，促使大学生追求自我的完善，使其获得全面的发展。

打破学科专业壁垒，加强各学科专业的融合与渗透。当前，高校只重视大学生专业知识技能的培养，忽略了大学生健康人格的形成和人文性知识的构建，缺乏哲学、美学、社会科学方面的教育，学科专业被逐渐工具化了。高校应加强学科之间的融合，弥合学科之间的鸿沟，强化专业教学中民族传统文化的人文渗透，促进科学教育和人文教育的融合。彻底改变科学技术性教育与人文教育之间相割裂的现象，找出连接起来的途径，强化专业教育中传统文化的渗透，促进专业学科教育与人文教育的融合。在教学的各个环节，指导青少年不仅学好科学文化知识，而且学会做人，做一个具有中国传统美德的人。

2. 改革德育教学内容

改革德育教学内容，不是一蹴而就的，要经历一个过程，可以分两步走。

第一步，在目前的课程设置基础上，开设新的有关传统文化知识的课程。目前我国高校专门进行德育的课程可以统称为"思想政治教育"课程。而我国高校思想政治教育的教材是培养大学生树立正确的世界观、价值观、人生观的关键，但内容颇为单一，因此我们在高校教育改革中要让传统文化进入思想政治教育的教材中去，并且要加大比重。这个步骤是对于中国传统文化的整理，不光包含中国古代哲学知识，还有中国传统文化知识的相关课程，如增强审美力的民族音乐欣赏、戏剧、绘画欣赏等艺术类课程，传统礼仪类等行为层面的传统文化教育课程也要有所增加，以提升大学生对于中国古代劳动人民智慧的认识，从而培养爱国主义情感和对祖国对民族文化的认同感。

第二步，将传统文化与马克思主义相融合。思想从来不是一成不变的，都是随着社会的变迁和时代的变化而改变的。我们古代的儒家思想也是如此，儒家文化在中国几千年的封建社会中始终居于正统地位，但经过长期的发展，儒家文化也汇集了中国道家、墨家、法家等的部分思想。今天的德育教学内容也应当如此，将传统文化与马克思主义中符合国情、适应社会生产力、可以为社会主义社会服务的内容融合在一起。

3. 教学活动与实践相结合

教材是固定的，教学方法却不是一成不变的。我们传统的教育方法是先朗读后背诵再默写，很多同学虽倒背如流但不知其意，在接触文言古文时味如嚼蜡，感觉艰涩难懂，恨不得再也不要看到。同样是传统文化的传授，同样还是文言古文，但在于丹、易中天、康震的口中成了一个个活生生的动人的故事，通俗易懂的描绘很容易让人接受新知识，这对我们学习和传播传统文化有很好的借鉴意义。

孔子曰："三人行，必有我师焉。"人只要有求知欲，随时随地都可以找到学习的对象和内容。早在文字出现之前，教育就已经存在了，早期原始人类的教育更多体现在劳动实践上，是一种在实践中反复进行的自我教育，这种自我教育积累的经验，都是通过在实践活动中演练、模仿传给下一代的。这种方法简单有效，但也令我们错失了很多文明。文字的出现是人类文明史上的一大进步，人类生产生活的经验用文字的形式保存下来，供后人学习。我国历史上早在夏代就有了学校的记载，研究发现，夏代不仅有官学还有乡学和国学。学校的出现令学习活动变得更加规范，推动了人类教育事业的发展。但是在学校出现之前，人类的教育活动也从未中断过，通过实践活动和文字记载都可以进行学习活动。

因此，在当代的高校教育改革中，提倡开拓第二课堂，使教育和社会实践活动相结合，让大学生在生活中提升自身道德素养。路飞飞在《试论大学生传统文化教育》一文中认为，社会实践是课堂学习的延伸和拓展，高校要依托地方人文底蕴，整合和利用当地传统文化资源，结合课程教学的需要积极开展社会实践，以丰富多彩的社会实践活动进一步增强大学生对传统文化的感性认识和认同感；充分发挥高校各种学生社团的作用，积极开展各种文化艺术活动，把传统文化知识与各种活动有机结合，相互补充，相互促进，促使大学生把优秀传统文化与自己的日常学习、生活和行为规范联系起来，在潜移默化中达到自我教育的目的。

4. 创新德育课堂教学方法

（1）融入体验式教育

我国教育部门也对青少年思想教育工作提出了相应的要求。小学生可以采用体验式教育，大学生同样适用，所以高校应尽力给大学生创造体验传统文化的平台和机会。体验本身符合大学生这一群体的特点，他们有活力、有朝气、充满想象力和好奇心并且有良好的记忆力，这些身心特点对于了解传统文化有着重要作用。

①组织学生参加传统文化教学活动。实践活动是促进德育工作和优秀传统文化相结合的重要方式和途径。首先，学校可以有目的性和有针对性地组织学生去参与文化教育活动。这种活动类型也十分多样，如学生进入青春期后，常常会和家长产生代沟，在叛逆心理的驱使下与家人少有沟通。这时可以以学校为平台、媒介，以"孝道文化"为主题，组织家长和学生的见面会，促进家长与学生的有效交流，使双方可以互诉衷肠，以此增进家人之间的和睦关系。其次，开展公益活动，如探访孤儿院和敬老院等慈善机构，为失去照看的儿童和孤寡老人准备专门的传统文化表演，一来可以施展和检验自己的传统文化所学，二来对这些缺少关爱的群体也不乏是一种慰藉。最后，学生可身体力行，亲自投入传统文化的实践中去，可以对幼儿园和小学阶段的孩童讲解传统文化

精粹，教授传统技艺；选取适宜的内容采取适当的方法，将传统文化中的基本道德观念和伦理价值灌输给他们。

②组织学生进行人文古迹游览。组织学生进行人文古迹以及博物馆的游览考察，也是将传统文化融入德育的一种行之有效的方法和途径。这些古迹本身就是中华民族辉煌历史的象征，其中也包含着许多传统文化元素，其中不乏有利于道德教育的因素。在这种情境下，学生不免会心生敬意，并且在潜移默化中接受一些传统文化或者中国历史的相关知识。

（2）融入家风教育

习近平总书记在第一届全国文明家庭表彰大会上指出："中华民族历来重视家庭，正所谓'天下之本在家'"，"家庭是社会的细胞。家庭和睦则社会安定，家庭幸福则社会祥和，家庭文明则社会文明"。在中国这样一个十分重视家庭的国度里，每一个家庭的和睦、幸福和文明，关系到整个社会的安定祥和。而每一个家庭要想和睦、幸福和文明，就必须树立良好的家风。所谓家风，是指一个家庭或家族世世代代流传下来的风尚、生活作风；换句话说，家风就是一个家庭中的风气。在我国，家风通常以经验、智慧或理念的形式蕴含于家训、家规、族谱等载体之中。家风的世代传承通常要依靠良好的家庭教育。我国古代就十分重视家风的建设和传承，家风也往往是伴随着优良的家庭教育而形成的。

从历史的角度来看，家庭一直都是一个国家最为基础的构成单位。习近平总书记讲："无论时代如何变化，无论经济社会如何发展，对一个社会来说，家庭的生活依托都不可替代，家庭的社会功能都不可替代，家庭的文明作用都不可替代。"历史上历代的统治者也特别重视家庭和家庭教育，家庭和睦是社会稳固的基础，而家庭教育的优劣一定程度上对家庭成员的品行以及亲属关系都有重大影响。通常优良的家庭教育会使家庭更为和睦，从而也保障了社会的安宁。而家风是家庭教育的综合体现，其有延续性和传承性，是家庭教育经验不断总结的结晶。通常家风教育以系列家庭教育的方式最终汇集而成，家风既是对后人身心健全的有力保障，同时又是除血缘之外维系家族的重要纽带。所以，中国古代非常重视家教、家风，以为子女、后代的发展打下良好的思想基础、品德基础和人格基础。

在当今社会，家庭教育和家风较缺乏，其中的原因十分复杂，如传统文化传承的缺失等。但是不管怎样，家庭是人受教育阶段的第一站，父母也是孩子的第一任老师，家庭教育中如果不能让一个人从小树立良好的道德观念，或者说缺少家教，利用后天的学校等进行教育是很难弥补的。当今社会，家庭教

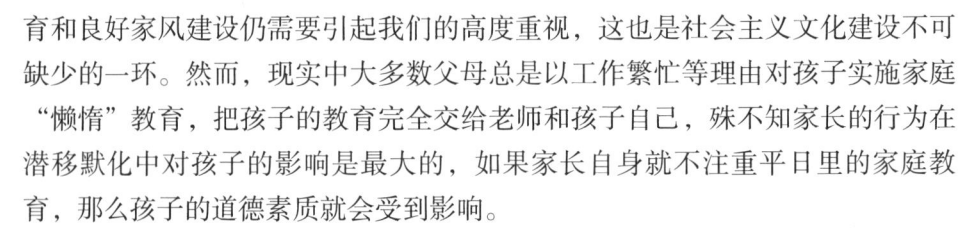

育和良好家风建设仍需要引起我们的高度重视，这也是社会主义文化建设不可缺少的一环。然而，现实中大多数父母总是以工作繁忙等理由对孩子实施家庭"懒惰"教育，把孩子的教育完全交给老师和孩子自己，殊不知家长的行为在潜移默化中对孩子的影响是最大的，如果家长自身就不注重平日里的家庭教育，那么孩子的道德素质就会受到影响。

（3）融入礼仪教育

礼仪是对礼节、礼貌、仪态和仪式的统称，它是指社会成员在交往活动中，为了相互尊重，在仪容、仪表、仪态、仪式、言谈举止等方面约定俗成的，需要共同遵守的行为规范。中国传统教育中，礼仪是教（德）育的重要内容，它与道德密不可分。我们知道，道德思想是沉淀于人的内心世界，深藏于人的内心深处的，它只能通过一个人的具体行为外化出来。因而，强调道德教育，就必须重视礼仪教育。因为社会或他人考量一个人的道德水平，往往是通过其外化的行为来完成的。甚至考量一个社会的礼仪状况，就可知该社会的文明程度。

为此，我们在对当代大学生进行传统文化教育时，在将传统文化与德育相结合的工作中，必须融入礼仪的内容。从某种意义上来说，礼仪和道德是捆绑在一起的，这也决定了无法把礼仪从德育中分割出去。

当前"00后"大学生受国外流行文化——"欧美风""日韩风""朋克风""哥特风"等的影响，个别学生的穿衣风格不忍直视，美感全无不说，甚至让人无法理解。而礼仪教育中的仪容、仪表、仪态教育在此刻就显得十分重要了。

（三）打造高校德育工作的骨干队伍

将中华优秀传统文化融入高校德育工作的过程，根本要靠人。建设一支高素质的专业德育教师队伍是这项工作能否成功的关键。国学大师、专业理论教师、学生工作人员、辅导员构成了"融入"的主要力量，所以我们在抓好队伍建设的同时，也要加大投入，搭建平台，确保融入工作落到实处。

1. 优化队伍结构

中华优秀传统文化融入高校德育工作的过程，说到底就是一种价值教育创新升级的过程。这个过程要靠高校德育教师和工作人员一起努力才能完成，首先，需要把他们培养成中华优秀传统文化的认同者、追随者，然后才能让他们成为实施者和传播者。所以，我们有必要通过对他们进行一定程度的培训，来达到优化队伍结构、奠定融入工作基础的目的。优化队伍结构，我们可以通过选拔不同年龄、不同职称、不同专业的教师来完成。可以挑选30—45岁、具有副高或以上职称的教师或工作人员来对其进行专门的培训。

在现阶段，高校德育工作者的能力素质参差不齐，很多德育教师、德育工作人员的思维方式还停留在加强政治思想教育、突出政治性这一阶段，没有很好地适应新形势下尤其是网络科技迅猛发展条件下，德育工作也需要与时俱进这一时代潮流。所以在进行人员培训时，各高校也需要对德育教师和德育工作人员加以遴选，要从思想上，对他们进行理论灌输，通过对他们进行岗位轮训，全面夯实他们的知识基础，将中华优秀传统文化和社会主义核心价值体系理论结合起来，贯穿到对他们的培训中去，提升他们的文化修养和专业素质，使他们在具体工作中能更好地阐述中华优秀传统文化融入高校德育工作的意义与效果。还需要从工作实务、经验实践等维度进行综合考评，以便加深他们的印象，提升能力，优化结构。

2. 提高队伍素质

对高校德育工作者进行全员培训，还只是开展"将中华优秀传统文化融入高校德育"工作的基础。

可以面向高校全体德育工作者开展"中华优秀传统文化情感体验计划"，让每位工作人员在工作期间至少读一本国学名著、拜访一名国学大师、考察一次中华传统文化传播前沿的实况、接触一位对传统文化感兴趣的学生，然后在工作时与大家交流分享自己的心得体会和直观感受，让他们通过切身体会和直观了解，深化对中华优秀传统文化的认同感和归属感，以实现价值传递。中华优秀传统文化融入高校德育工作的过程要充分考虑当代大学生的性格特点，高校德育教师和工作人员可以根据不同年龄阶段学生的特点，对融入工作进行有针对性的补充，可以以院系为单位，组织学生开展专项研究与学习讨论，这也可以为融入工作提供一定的客观依据。

3. 凝聚队伍合力

将中华优秀传统文化融入高校德育工作，不是把抽象、枯燥的传统文化冷冰冰地灌输给学生，把空洞的理论规范强加给学生，而是要让学生产生精神感染、心灵撞击和爱的共鸣。所以，高校要打造适合中华优秀传统文化融入高校德育工作的平台，积极为融入工作服务。

一方面，我们可以依托项目平台和导师平台，提升融入能力。首先，可以建立重大应用性课题介入平台，让高校德育教师和工作人员运用他们的理论知识和实践能力，围绕如何将中华优秀传统文化融入高校德育工作这一命题，在接受机制、融入方式和载体途径等关键问题上展开讨论。"只有大学教师的以文化人、立德树人做好了，才能充分发挥人才优势，这对高校的人才培养非

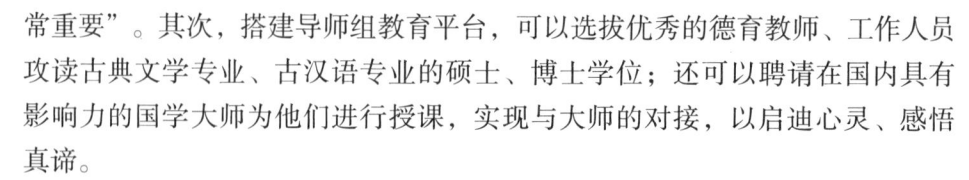

常重要"。其次，搭建导师组教育平台，可以选拔优秀的德育教师、工作人员攻读古典文学专业、古汉语专业的硕士、博士学位；还可以聘请在国内具有影响力的国学大师为他们进行授课，实现与大师的对接，以启迪心灵、感悟真谛。

另一方面，围绕高校德育工作在新时期的特点，建立制度保障平台，通过定期开展考核，提升德育教师和工作人员的业务水平。定期走访学生，拉近师生距离，为融入工作提供前提保障。此外，定期举办交流论坛，提升德育教师、工作人员解决工作中出现问题的能力。多措并举，为中华优秀传统文化顺利融入高校德育工作提供良好的平台。

（四）营造良好的优秀传统文化传播氛围

古人云，近朱者赤，近墨者黑。这里的"朱"和"墨"，其实就是一个人"周围的环境"。就成长中的大学生而言，他"周围的环境"其实就是校园环境。校园环境由"软件"和"硬件"组成。校园环境的"软件"，即指"人"的环境；而校园环境的"硬件"，即指校园的基础设施环境。高校校园文化建设的最终目的是在校园内通过"软件"和"硬件"的建设，创建一种良好的环境，并以此来陶冶学生的情操，全方位提高学生素质。

1. 校园文化基础设施建设与优秀传统文化元素相结合

一提起在高校德育中融入优秀传统文化的元素，人们往往首先想到的是校园中的"软件"而非"硬件"。事实上，大学校园文化基础设施即所谓的"硬件"同样是高校校园文化建设的重要组成部分，而且它是一种显性的校园文化，它同样会发挥育人的作用。在校园设施环境的营造中，要注意在因地制宜原则的指导下，在发挥校园建筑的实用性之余，也要注重审美功能，为校园文化德育功能的发挥奠定物质基础。针对当代大学生优秀传统文化教育薄弱甚至缺失的现状，校园文化建设应符合社会发展的需要以及教育改革的历史进程，在校园文化基础设施建设中植入优秀传统文化元素。

譬如说，可以在校园某个地标性设施建设之前，有针对性地听取一下专家、学者或名家的意见和建议，在设计和建设之初就融入优秀传统文化的元素，这样可以起到事半功倍的德育效果。同时，高校的宣传部门要充分发挥好校报、图书馆报，以及新媒体平台等舆论宣传阵地在德育中的重要作用，精心设计和营造有利于将优秀传统文化融入德育工作的校园环境。

就目前我国的高校而言，每一所校园中都有一些专门的文化设施，这些文化设施可以看作校园的基础设施，但又不完全等同于普通的基础设施，也就是说，这些文化设施既是"硬件"同时又是"软件"，譬如说教学楼、图书馆、学生公寓等主要建筑物内外的宣传设施、人文景观，以及具有专门功能的校史馆、文艺演播厅、舞台、小剧场等，我们可以在这些公共场所内外设计一些壁画、壁刻等来传播文化精神。这些文化设施与其他基础设施相互映衬，能对当代大学生产生潜移默化的影响。

总而言之，大学校园文化必须以先进文化为主导，把大学校园精神作为文化建设的底蕴，而拥有几千年历史的中华优秀传统文化就是最好、最重要的底蕴。所以说，加强校园文化建设就必须重视优秀传统文化元素的融入。而为了做好将传统文化融入高校德育的这项工作，我们就可以结合各高校的实际定位，在校园文化设施中营造有利于该项工作的氛围，让大学生时时处处都能感受到中华优秀传统文化，更好地增进他们对中华优秀传统文化的认知和理解。

2. 完善相应的活动机制

所谓机制，是指事物各要素之间的结构关系和运行方式。在社会学中，"机制"可以解释为"在正视事物各个部分的存在的前提下，协调各个部分之间的关系以更好地发挥作用的具体运行方式"。要做好高校德育工作中中华优秀传统文化的"融入"工作，就必须建设好该项工作的活动机制。

首先，各高校要不断完善相关组织机构，进而形成一种先进的活动机制，这种机制就是各相关职能部门和教学部门各司其职、各负其责，并最大限度地发挥各自的效能。组织机构建立了，机制形成了，然后为适应国家和高校的发展需要，对这项工作进行进一步的完善升华，最终形成对该项工作的有约束力和影响力的长效机制。

譬如说，可以成立由党委宣传部门、校团委、学生会、教务处、后勤处、各二级学院（系）团委学生会等部门联合组成的牵头部门，由学生管理部门和教务部门出面开展主题为"中华优秀传统文化大讲堂"的学术讲座；定期或不定期地邀请有关方面的专家教授为高校学子讲述相关知识；由后勤部门负责在高校校园或学校建筑内，增添一些有关传统文化的石刻或者标幅；等等。通过举办丰富多彩的活动，让大学生在校园的各个场合和不同的时段都能感受到中华优秀传统文化，进而做好在德育中融入中华优秀传统文化这项工作。

（五）发扬优秀传统文化助力德育创新

"对历史文化特别是先人传承下来的价值理念和道德规范，要坚持古为今用、推陈出新，有鉴别地加以对待，有扬弃地予以继承，努力用中华民族创造的一切精神财富来以文化人、以文育人。"面对德育实践中的诸多问题，高校要抓住一根主线，即汲取传统文化中的优秀内容，充分发挥新媒体平台的介质作用，丰富文化育人形式，以实践创新增强德育的针对性和实效性。

1. 坚持文化传承以增强德育实践的感召力

当前，国际形势日新月异，高校德育面临着经济全球化、思想文化多元化、人际沟通信息化、社会形态多样化、个性特征差异化等一系列变化，在这样的背景之下，"坚持高校德育一元主导与多元发展的辩证统一"被提了出来。高校德育既需要在目标、内容、载体、方式等方面坚持一元主导，又要保持多元化发展，这一问题目前在各高校中没有什么异议，但是如何处理好这"既与又"的关系是一个需要深入思考的问题，特别是在"一元主导"这一问题上。作为一个前提，如果把握不好，或者离开一元主导单纯地谈多样化，就容易出现问题。

所以在高校德育实践中，特别要把握好德育内容中的核心部分，不能散，也不能多中心，而优秀传统文化的传承，便是优秀核心内容的不断提炼。在当前的社会背景下，一定要坚持传统文化的守正与创新并举。将对优秀传统文化内容的传承，贯穿于大学生的感性认知、情感凝练、意志升华、行为践行中，从而增强德育实践的感召力。

2. 阐发文化内涵以发展德育实践的新媒体平台

"思想政治理论课是高校思想政治教育工作者对大学生进行集中思想政治教育的主渠道与主阵地。但现实情况是，该课程在学生中还没有成为最受欢迎、最受启发、最离不开的课程，课程教学效果有待提高。"新媒体的不断涌现进一步弱化了传统德育形式和平台的教育效果，利用新媒体进行高校德育实践是必要路径。面对新媒体所呈现出的碎片化、即时化、去中心化的特点，高校德育需要凝聚内涵，在多样的内容中有核心，在多样的形式中有主线，在多元的碰撞中有主导。在这一过程中要发挥传统文化的凝聚功能，并借助新媒体平台对优秀传统文化进行内涵凝聚、挖掘与阐发，突出新媒体平台在立德树人方面的功能。

中华优秀传统文化博大精深，文化的发展需要在这样的基础上传承、守正和创新，让优秀传统文化成为德育内涵之根。各高校应通过新媒体平台建设，传承、传播传统文化，进而影响大学生的行为实践，从而使高校德育工作活起来。

3. 创新文化形式以增强学生实践的针对性

高校德育立足校园，校园文化的育人功能不可忽视。校园文化主要包括有形的物质文化和无形的精神文化，传统文化能够提升校园精神文化的价值底蕴，也能丰富物质文化的内容形式，具有重要的育人价值。高校应该立足本校特色，突出传统文化的融入，体现高校的历史底蕴、文化情怀，以及学校的办学特色。

国内众多高校将优秀传统文化中的经典内容作为校训便是传统文化融入校园文化的最好体现。高校的物质文化载体，包括校园景观、建筑物、道路标牌、校史馆、宣传栏、楼宇空间等，都可以将传统文化的内容融入其中，使冷冰冰的物质变成有内涵、有温度的实体，身临其中就是一种熏陶和学习，就是一种德育。

高校的精神文化载体，如学校的校史校训、精神追求、办学理念、校徽校歌、著名校友，甚至是教职员工的精神面貌、言谈举止，都可以借助传统文化的传承，变成一种文化的标识，体现出一种人文情怀。针对高校大学生的特点，利用传统文化创新校园文化形式的同时一定要符合青年的群体特征，使得校园文化对大学生来说易接受、易学习、易传播，提升德育实践的针对性。

4.创设文化情境以提升德育实践的实效性

结合当前高校德育的主要形式和载体，要想在文化氛围创设方面有所突破，需要在三个方面加强传统文化的融入，包括传统文化融入教学内容体系、提升高校教师的传统文化素养、丰富学生活动的传统文化内涵，从而全方位地将传统文化融入德育实践中去。

首先，教学工作是高校的中心工作，而课程又是高校教育教学的"求知阶梯"，直接影响着高校德育的目标和进程。传统文化应该融入思想政治课当中，以丰富大学生思想政治教育的内容。在其他专业课的教学当中，立足学校特色，将传统文化课程纳入其中，贴近学校办学实际，通过课堂传授，创设文化氛围。其次，高校教师要懂传统文化，要用传统文化，并牢固树立"立德树人"的意识，明白教育并不仅仅是传授技能，更包括思想方面的教育和价值观的培养。最后，优秀传统文化教育是一个开放的体系，除了传统课堂教学之外，一定要注重在学生喜闻乐见的校内外活动中开展教育，并结合时代文化、流行文化，制作符合网络传播、新媒体平台、手机载体的文化内容，打造文化品牌，构建课堂内外、校园内外、线上线下相互结合，互相补充的传统文化教育格局，通过传统文化教—学氛围的创设，形成全员育人、全过程育人、全方位育人的育人合力，提升德育实践的实效性。

二、传统文化融入高校德育的发展趋势

当前，国内外形势正在发生深刻复杂的变化。全球仍深陷金融危机和新

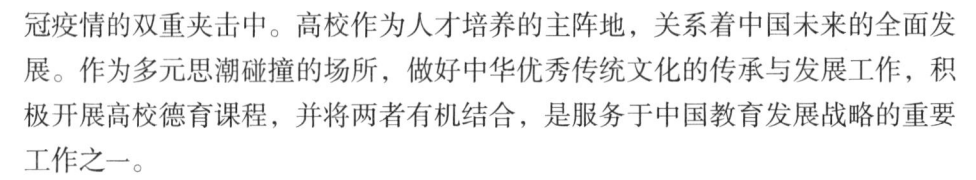

冠疫情的双重夹击中。高校作为人才培养的主阵地，关系着中国未来的全面发展。作为多元思潮碰撞的场所，做好中华优秀传统文化的传承与发展工作，积极开展高校德育课程，并将两者有机结合，是服务于中国教育发展战略的重要工作之一。

（一）坚持正确的办学方向

方向决定道路，道路决定命运。坚持什么样的办学方向，关系着教育事业的兴衰成败。办好教育，方向是第一位的。在办学问题上，习近平总书记多次指出，我们的国家是中国共产党领导的社会主义国家，我们办的是社会主义教育，要坚持以马克思主义为指导，坚持社会主义办学方向。新时代高校要培养能为社会主义社会发展做出自己应有的贡献的人才。

千百年来独特的历史文化底蕴，决定了中国必须要走出自己的发展道路，教育亦是如此。高校是培养未来中国特色社会主义事业的建设者和接班人的主要阵地，更是多元思潮汇聚的场所。高校德育的重要性不言而喻。正确的道德文化指导犹如灯塔，为正在成长中的学生指明前进的方向。帮助学生树立正确的价值观和道德观是高校的责任，也是国家和社会的热切需要。

高校未来将围绕立德树人这一教育的根本任务开展教学活动，在遵循高校学生认知规律和教育教学规律的基础上，使中国特色社会主义德育能够贯穿高校教育、职业教育、继续教育等各教育领域之中。同时按照分专业、分年级、有序推进的原则，将中华优秀传统文化全方位融入高校德育的全过程中。

各高校应以中华优秀传统文化为核心，围绕中华美德与社会主义核心价值观，展开课堂教学工作。同时，抓住新时代发展机遇，适时展开"四史"与"党史"学习教育活动。让学生在实践活动中了解中华优秀传统文化，领会国家治国理政的战略思想。

高校应激发高校学生的爱国热情，增强他们的文化认同感，使其树立远大理想，并愿意为之不懈奋斗，要保证中国特色社会主义办学方向不偏离，实现培养合格的中国特色社会主义事业的接班人的教学目标。

（二）注重以人为本的教育思想

新中国成立以来，在党和国家的高度重视下，中国建成了世界上规模最大的教育体系，为中国和世界培养出了一批又一批的优秀人才。中国特色社会主义进入了新时代，这意味着高校教育的教育目标不再单单只是培养人才，而是更加注重学生的全面发展。

首先，新时代高校教育的立德树人的这一根本任务的实现需立足于以人为本这一前提。高校未来开展教学活动要在遵循高校学生认知规律和教育教学规律的基础上进行，要以中华美德与社会主义核心价值观为主要内容，并结合社会实践，编写适合高校学生的教材。

其次，高校除了完成传授专业知识这一根本任务以外，更应完成对学生心理、道德等多方面的培养，高校教育将更加注重回应学生关注、关心、关切的问题。高校应尽可能利用一切资源来提高学生的文化素养，使学生在高校学习中实现全面发展，让学生在高校教育过程中有实实在在的获得感。

最后，高校学生的需求日益多样化，当代高校学生已不再满足于只学习本专业的学科知识，更向往全方位的发展，包括提高自身的文化素质及思想品德修养。高校应根据自身的学科优势，开设中华优秀传统文化的必修与选修课程。职业技术类院校则要结合工作实践需要，积极推进具有文化传承价值的"非物质文化遗产"绝学走进校园，拓宽学生的思路。

（三）注重综合育人的教学理念

新时代高校德育将朝着新的方向发展，其内容覆盖范围也将进一步扩大。诸如中华传统美德教育、社会主义核心价值观教育等。

高校要运用课程、实践、管理三个维度，构建综合育人的新理念，积极引导大学生学习中华优秀传统文化，继承和弘扬中华传统美德。

1. 课程育人

高校课堂教学应充分发挥其主导作用。根据需要，加强德育课程内容建设，将德育内容细化到各个学科的教学目标之中，从而使高校德育真正融入学校教育教学中去。

2. 实践育人

要与大学生的生活实际相联系。高校应发掘高校德育课程的内核；在重大节日、纪念日期间，结合学校和所在省市的资源，适时开展德育实践活动。通过实践，让学生感受中华优秀传统文化，增强爱国意识，树立高尚的道德情操，提高文化素养。

3. 管理育人

加快推进高校治理体系现代化。根据实际发展情况，完善高校自身的管理制度，提升高校的综合管理水平。将新时代对于高校德育的要求，认真细化落实在高校管理的过程中，使全体教职工和学生有更多的获得感。

（四）注重利用信息技术传播与应用

随着网络与科学技术的高速发展，未来教育将更加依赖网络和信息技术。

新冠疫情期间，线上学习得到了进一步的发展，相比之前学校课堂的授课形式，线上学习更加便捷，也不容易受到时间和空间的限制。

高校在利用互联网平台进行德育时，也要加强对学生的引导。近些年，高校学生在网络平台上的不当言论所引起的负面话题常常引起社会热议。在互联网不断发展的今天，大学生应守住道德底线，自觉践行社会主义核心价值观，做一名合格的网民。

参 考 文 献

[1]孙晓峰.高校德育创新与和谐校园建设[M].合肥：合肥工业大学出版社，2010.

[2]季海菊.高校生态德育论[M].南京：东南大学出版社，2011.

[3]刘新跃.高校德育创新的理念与实践[M].合肥：安徽大学出版社，2011.

[4]段鸿.现代德育：理论和实践[M].上海：上海教育出版社，2012.

[5]丁海蒙.校园文化与高校德育联动探究[M].上海：立信会计出版社，2013.

[6]冯世勇.高校德育工作的理论研究和实践探索[M].太原：山西人民出版社，2014.

[7]许瑞芳.社会变革中的中国高校德育转型[M].上海：上海教育出版社，2014.

[8]孙晓峰.中西方高校德育管理比较研究[M].合肥：安徽科学技术出版社，2015.

[9]孙迎光，徐青.马克思总体性视域中的德育探索[M].上海：上海三联书店，2015.

[10]田建国，李东.大学德育创新实践走向[M].济南：山东教育出版社，2016.

[11]王荣发，朱建婷.发展性德育——高校德育发展性教学模式的建构与实践[M].上海：华东理工大学出版社，2016.

[12]林甲针.从"教育"到"辅导"：心理健康教育视野下的德育工作[M].福州：福建教育出版社，2017.

[13]王一鸣.新形势下应用型高校德育和创新创业[M].北京：光明日报出版社，2018.

[14]孔亮.高校德育教育引入传统文化的创新研究[M].西安：世界图书出版

西安有限公司，2018.

[15]白翠红.高校德育思维方式发展研究[M].广州：中山大学出版社，2018.

[16]边慧民，边懿.中国传统"践行"德育思想研究[M].北京：中国人民公安大学出版社，2018.

[17]程样国，闵桂林.新时代大学生德育问题新探索[M].南昌：江西高校出版社，2018.

[18]王丽萍，郑百易.核心素养视角下的学校德育协同实践与研究[M].上海：上海教育出版社，2019.

[19]曲华君，罗顺绸，钟晴伟.德育教育与创新能力发展[M].北京：中国财富出版社，2019.

[20]朱美燕.立德树人：高校生活德育实践[M].上海：上海交通大学出版社，2019.

[21]李刁.互联网+时代高校德育实践创新研究[M].武汉：华中师范大学出版社，2019.

[22]刘兆俊.德育教育与心理健康教育[M].长春：吉林教育出版社，2020.

[23]温新荣.伦理语境下高校德育工作创新路径[J].中学政治教学参考，2019（23）：85.

[24]唐浩.中国传统文化与新时代高校德育的创新[J].教育现代化，2019，6（18）：148-149+152.

[25]谭旭红，孙彦雷.中华优秀传统文化与高校德育教育融合的途径[J].继续教育研究，2019（2）：50-53.

[26]位青青.传统文化在高校德育建设中的价值与实现途径[J].农家参谋，2019（9）：138.

[27]周小韵.新媒体时代正家风与强德育融合创新路径研究[J].南京邮电大学学报（社会科学版），2019，21（6）：60-67.

[28]朱曼，李洁明.新时代大学生德育养成的创新路径探究[J].智库时代，2019（45）：51-52.

[29]刘清清.新媒体时代创新高职院校德育工作策略研究[J].新闻研究导刊，2019，10（24）：208-209.

[30]孟繁华.高职院校德育工作创新体制研究[J].才智，2019（31）：125.

[31]凌新文.中华优秀传统文化的德育教育在高校思政课堂建设中的融合研究[J].佳木斯职业学院学报，2019（5）：131-132.

[32]姜晓琳，王鹏.新时代高校德育教育的创新与实践[J].食品研究与开

发，2020，41（19）：247.

[33]冯月.融媒体视域下高校德育路径创新研究[J].大众文艺，2020（13）：167-168.

[34]刘庆.对高职院校德育工作创新体制的探索和思考[J].智库时代，2020（8）：111-112.

[35]杨帆.新时代高校德育工作的问题与对策[J].大众标准化，2020（22）：84-85+88.

[36]马洪丽，程佳.重申与转向：高校德育文化的生命理念[J].哈尔滨学院学报，2020，41（11）：132-134.

[37]张二丽.新媒体下高校社会实践德育功能实现探析[J].中国报业，2020（22）：92-93.

[38]陆庆海.高校德育视域下大学生志愿服务工作创新研究[J].中国多媒体与网络教学学报（上旬刊），2020（4）：42-43.

[39]李明玉.生涯发展视域下高校班主任德育创新途径探析[J].教育观察，2020，9（5）：61-63.